A DENÚNCIA

A DENÚNCIA
MINHA JORNADA NO VALE DO SILÍCIO E LUTA CONTRA A INJUSTIÇA NA UBER

SUSAN J. FOWLER

Tradução
Patricia Azeredo

1ª edição

Rio de Janeiro | 2022

TÍTULO ORIGINAL
Whistleblower: My Journey to Silicon Valley and Fight for Justice at Uber

COPIDESQUE
Julia Marinho

REVISÃO
Silvia Leitão

ADAPTAÇÃO DE CAPA
Leticia Quintilhano

CIP-BRASIL. CATALOGAÇÃO NA PUBLICAÇÃO
SINDICATO NACIONAL DOS EDITORES DE LIVROS, RJ

Fowler, Susan J.
A denúncia : minha jornada no Vale do Silício e luta contra a injustiça na Uber / Susan J. Fowler ; tradução Patricia Azeredo. - 1. ed. - Rio de Janeiro : BestSeller, 2022.

ISBN 978-65-5712-148-1

1. Uber (Firma) - Corrupção. 2. Assédio sexual às mulheres - Califórnia - Santa Clara Vale (Condado de Santa Clara). 3. Assédio sexual no ambiente de trabalho - Califórnia - Santa Clara Vale (Condado de Santa Clara). I. Azeredo, Patricia. II. Título.

22-75985
CDD: 364.153082
CDU: 364.633-055.2

Meri Gleice Rodrigues de Souza - Bibliotecária - CRB-7/6439

Texto revisado segundo o novo Acordo Ortográfico da Língua Portuguesa.

Copyright © 2020 by Susan J. Fowler
Copyright da tradução © 2022 by Editora Best Seller Ltda.

Todos os direitos reservados. Proibida a reprodução,
no todo ou em parte, sem autorização prévia por escrito da editora,
sejam quais forem os meios empregados.

Direitos exclusivos de publicação em língua portuguesa para o Brasil
adquiridos pela
Editora Best Seller Ltda.
Rua Argentina, 171, parte, São Cristóvão
Rio de Janeiro, RJ – 20921-380
que se reserva a propriedade literária desta tradução

Impresso no Brasil

ISBN 978-65-5712-148-1

Seja um leitor preferencial Record.
Cadastre-se e receba informações sobre nossos lançamentos e nossas promoções.

Atendimento e venda direta ao leitor:
sac@record.com.br

Para minha filha

Espero que, quando tiver idade para ler este livro, você não reconheça o mundo aqui descrito; que você e as mulheres de sua geração vivam em um mundo no qual seja possível correr atrás dos seus sonhos sem temer o assédio, a discriminação e a retaliação — que seu único medo seja o de ter sonhos excessivamente modestos.

PRÓLOGO

— É importante que você não conte a ninguém os detalhes desta reunião, nem mesmo confirme que ela aconteceu, até o fim da investigação.

Sentado na minha frente estava o ex-procurador-geral dos EUA, Eric Holder — as mãos entrelaçadas, os cotovelos na mesa e diante de si um fichário aberto repleto de anotações. À esquerda estava Tammy Albarrán, sócia do escritório de advocacia Covington & Burling. Ela manteve a caneta suspensa perto de suas anotações e me olhou por cima da armação escura e retangular dos óculos, esperando minha resposta.

— Entendi — respondi, aquiescendo. Albarrán rapidamente voltou a escrever.

Dois meses antes, eu havia escrito e publicado em meu blog um texto sobre a experiência que tive como engenheira de software na empresa de transporte de passageiros por aplicativo Uber Technologies: "Reflecting on One Very, Very Strange Year at Uber" ["Reflexões sobre um ano muito, muito estranho na Uber", em tradução livre] narrava como o meu gerente insinuara-se sexualmente no meu primeiro dia na equipe de engenharia da Uber, e o quanto gerentes, executivos e o departamento de RH da empresa ignoraram e acobertaram o assédio, a discriminação e a retaliação que enfrentei por denunciar condutas ilegais. Era um retrato meticuloso sobre a empresa; eu tive um cuidado quase obsessivo com o texto, baseando cada frase em documentos escritos.

Minha história logo chamou a atenção dos meios de comunicação e do público. Horas depois de ter divulgado o link para o texto no Twitter, ele foi compartilhado por repórteres e celebridades, virou uma "história em andamento" coberta por veículos locais, nacionais e internacionais. O CEO da Uber na época, Travis Kalanick, publicou no Twitter o link para meu texto, dizendo: "O que está descrito aqui é abominável e vai contra tudo em que acreditamos. Qualquer pessoa que se comportar desta forma ou pensar que pode agir assim será demitida." Em seguida, ele contratou Eric Holder e a empresa Covington & Burling para investigar minuciosamente a cultura da Uber. Tornou-se evidente o recado de Kalanick: ele levou isso tão a sério que demitiria todos os envolvidos na história e os responsáveis pelo incidente que fora divulgado e acompanhado por todos os grandes veículos de comunicação do mundo.

Três dias depois, o *New York Times* publicou uma reportagem assustadora sobre a cultura da Uber. No dia seguinte, a Waymo, subsidiária da Google que desenvolve carros autônomos, processou a Uber por infração de patente e roubo de dados sigilosos corporativos. Menos de uma semana depois, veio a público um vídeo no qual Travis Kalanick discutia com um motorista do aplicativo. E isso foi só o começo. Na época em que me vi diante do procurador-geral do governo Obama, o consenso era que havia algo muito errado com a Uber, mas ninguém sabia ao certo a extensão do problema

A DENÚNCIA

ou quem deveria ser responsabilizado por ele. "Algumas pessoas não gostam de assumir as merdas que fazem!", grita Kalanick no vídeo de má qualidade registrado pela câmera do carro do motorista.

Enquanto o drama se desenrolava na imprensa, eu apenas esperei. Não sabia o que aconteceria e tudo parecia depender dos resultados da investigação feita pela Covington & Burling, incluindo o meu destino, dos meus ex-colegas de trabalho e da Uber. Relutei em encontrar Eric Holder, pois tinha medo de estragar tudo, dizer alguma coisa errada e acabar prejudicando a investigação. Agora, diante dele, havia muito mais que eu gostaria de contar e não sabia por onde começar, o quanto deveria revelar e o que seria melhor deixar de fora. Eu me perguntei se deveria contar a ele sobre o suicídio do meu colega de trabalho, os detetives particulares que pareciam estar me seguindo em todos os lugares, os boatos que a Uber estava espalhando sobre mim e meu marido, as informações de que a empresa estaria destruindo documentos para encobrir o péssimo tratamento que dava aos funcionários.

Sentada ali, olhei pra ele com a cabeça a mil por hora, e Eric me disse:

— Comece do início.

Não era para eu ser engenheira de software. Também não era para eu ser escritora, denunciante, ou muito menos terminar a faculdade. Se há dez anos você me dissesse que algum dia eu faria tudo isso, se tivesse me mostrado para onde a vida me levaria e o papel bastante público que acabaria exercendo no mundo, eu não acreditaria.

Cresci na pobreza rural do Arizona e fui educada em casa até o início da adolescência. Depois disso, minha mãe precisou voltar a trabalhar e, ao contrário dos meus irmãos mais novos, não pude frequentar a escola pública, então fiquei sozinha. Durante a

9

adolescência, trabalhava durante o dia em empregos em que ganhava menos de um salário mínimo e tentava estudar à noite. Tinha medo de que minha vida tomasse o mesmo rumo de outros adolescentes morando no sudoeste rural dos EUA: drogas, desemprego e um trailer para chamar de casa. Porém, me recusei a aceitar esse destino e resolvi lutar por uma vida melhor. Trabalhei muito para conseguir entrar na faculdade.

O rumo da minha vida, porém, ainda não estava definido. Queria estudar Física na Universidade do Estado do Arizona (a UA), mas não consegui por não ter os pré-requisitos necessários, então acabei me transferindo para a Universidade da Pensilvânia. Lá, porém, fui impedida de estudar ciências e matemática e me vi tendo que lutar novamente pela educação que tanto desejava e acreditava que merecia. Depois que o sonho de ter uma carreira em física foi enterrado de vez por conta de um incidente com um aluno do meu laboratório, precisei escolher uma profissão totalmente nova, o que me levou ao Vale do Silício. Se você está lendo este livro, provavelmente conhece a história do que aconteceu depois: fui assediada moral e sexualmente na Uber. Lutei contra tudo e todos até esgotar minhas opções, exceto uma: sair da empresa e divulgar minha história.

Ao longo dos anos, pensei muito em uma citação de *Dois conceitos de liberdade*, do filósofo Isaiah Berlin: "Desejo que minha vida e minhas decisões dependam de mim mesmo, e não de forças externas de qualquer tipo. Desejo ser o instrumento de meus próprios atos de vontade, e não dos de outros homens. Desejo ser um sujeito, e não objeto; ser movido pela razão, por objetivos conscientes, que são meus." [1]

---

1 BERLIN, Isaiah. (2002), "Dois conceitos de liberdade". In: *Estudos sobre a humanidade*. São Paulo: Companhia das Letras. [*N. da T.*]

A DENÚNCIA

Este livro é a história da minha jornada para me tornar sujeito da minha vida (e não objeto), para ser a pessoa que *faz algo acontecer* em vez de ser a mulher *a quem algo aconteceu.*

Ao longo desta jornada, recorri a declarações e histórias de outras pessoas para ter coragem e à inspiração de pensadores como o pedagogo Fred Rogers, o escritor Fiódor Dostoiévski, os poetas Rainer Maria Rilke, Hannah Szenes e Anne Sexton, os filósofos Aristóteles, Platão, Epiteto, Marco Aurélio, Sêneca, Immanuel Kant e Martha Nussbaum. Graças a eles, a muito trabalho árduo e uma imensa determinação, além do apoio da família, dos amigos e posteriormente do meu marido, Chad, consegui enfrentar tudo e todos.

Ao contar a história da minha vida, quero inspirar a mesma coragem nos outros. Espero que este livro seja útil para quem se encontra em situações como as descritas aqui, apontando os desafios a ser enfrentados e as escolhas que porventura se apresentem; ajudando cada um a conseguir autonomia pessoal; e mostrando que é possível ser o herói e protagonista da sua própria história. Nestas páginas está a história que eu gostaria que alguém tivesse me contado quando eu era mais nova: a de uma jovem que conseguiu assumir o controle do próprio destino e lutar contra a injustiça, ainda que tivesse medo de fazê-lo.

CAPÍTULO **UM**

Embora tenha nascido em Michigan, sempre considerei o Arizona meu lar. Quando tinha 6 anos, meu pai nos levou da nossa casa alugada que ficava atrás do estacionamento de uma loja de departamentos em Traverse City, Michigan, para uma casinha branca em Congress, Arizona. Nosso novo lar ficava em uma fazenda de gado — já fora o alojamento dos vaqueiros que levavam a boiada para o sul, pelo Deserto de Sonora. Na época, éramos sete: eu, meu pai, John, minha mãe, Cheryl, minhas três irmãs, Elisabeth, Martha e Sara, e meu irmão mais novo, John. Depois que Peter e Paul nasceram, nos mudamos para Yarnell, alguns quilômetros a noroeste, onde meu pai trabalhava como pastor. Lar de quase seiscentas pessoas, Yarnell fica no alto da grande cordilheira no deserto conhecida como Weaver Mountains. O único jeito de chegar lá era dirigindo por uma estrada sinuosa e às vezes perigosa que os moradores chamam de Yarnell Hill.

A área onde cresci era a mais rural possível no oeste moderno dos Estados Unidos. Cercada de fazendas de gado por todos os lados, a trinta minutos de viagem da loja mais próxima e a quase uma hora do hospital mais próximo, essas cidadezinhas estavam repletas de indivíduos que foram deixados para trás, junto com algum ocasional fugitivo. Alguns dos nossos vizinhos eram fazendeiros e outros, comerciantes, mas a maioria vivia de auxílio do governo e passava os dias sentada em suas casinhas pré-fabricadas ou em trailers.

Assim como nossos vizinhos, éramos muito pobres. Um dia, escutei minha mãe dizendo ao meu pai que eles tinham ganhado US$ 5 mil dólares naquele ano — uma quantia que parecia grande na época, mas que agora só me lembra o ambiente de pobreza no qual fui criada. Como o dinheiro que meu pai recebia como pastor mal dava para pagar as compras do mês, ele precisava ter um segundo emprego como vendedor de porta em porta: primeiro, vendendo aspiradores de pó; depois, telefones que funcionavam com moedas. Quando esses telefones foram substituídos pelos celulares, ele passou a vender seguros de vida. Meu pai trabalhava muito, mas não importava o quanto: ele não conseguia tirar a família da pobreza. Nós sobrevivíamos à base de muito esforço. Os integrantes mais abastados da igreja deixavam caixas de comida e roupas em nossa porta, e amigos e parentes com frequência mandavam cheques para ajudar meus pais a pagar as contas: US$ 25 aqui, US$ 100 ali — cada centavo contava.

Apesar da pobreza, tive uma infância maravilhosa. Nossa casa era cheia de amor e alegria. Meus pais faziam tudo o que podiam para se manter bem humorados, mesmo quando a geladeira estava vazia, quando o encanamento entupia, obrigando-nos a fazer as necessidades fora de casa, ou quando não tínhamos água quente e minha mãe precisava esquentar a água para o banho. Os vizinhos e amigos eram tão pobres quanto nós e alguns viviam em condições tão ruins que, em comparação, nossa família parecia até bem próspera.

A DENÚNCIA

Quando nos mudamos para Yarnell, passamos a morar na residência reservada ao pastor, de propriedade da Igreja: uma casa amarela com três quartos e um banheiro. Eu e minhas três irmãs dividíamos um quarto com duas camas, enquanto os três meninos dormiam no quarto onde havia um beliche, e nossos pais no quarto menor. A casa era velha e precisava de reformas com urgência. Houve momentos em que não tínhamos água corrente, eletricidade nem saneamento. Quando as chuvas de monção chegavam, ao fim do verão, nosso quarto era inundado com a água que caía pelas frestas da velha lareira.

Eu e meus irmãos passávamos boa parte do tempo fora de casa. O pátio da igreja era como um playground na natureza, cheio de grandes arbustos, carvalhos gigantescos e rochas de granito enormes. Amávamos aquele quintal e brincávamos ali todos os dias, construindo fortes, cavando trincheiras, sendo perseguidos por animais selvagens e recriando cenas dos filmes antigos que pegávamos emprestado na biblioteca. Nunca vou me esquecer de correr pela entrada da garagem com meus irmãos e irmãs, olhando para o céu enquanto fingíamos ser Eric Liddell em *Carruagens de fogo*. Foram anos loucos e incríveis, cheios de aventuras que se igualavam às do meu herói de infância, Tom Sawyer: o deserto de Sonora era o meu rio Mississipi e eu passava todo o meu tempo livre correndo pela poeira. Fora de casa, tinha total liberdade para explorar, criar, brincar, uma liberdade que jamais quis perder.

Enquanto meu pai saía para vender de porta em porta, minha mãe educava a mim e a meus irmãos em casa. Nossos pais queriam que tivéssemos uma educação baseada em valores cristãos e com mais arte, música e criatividade do que o currículo que as escolas públicas locais ofereciam. Minha mãe era uma professora criativa e maravilhosa, que estudou meticulosamente o currículo para o ensino em casa e garantiu que aprendêssemos o necessário: leitura, escrita, matemática, história, ciências, música. De segunda a sexta, as sete crianças Fowler sentavam à mesa da cozinha para fazer as lições ou ler romances da biblioteca. Quando acabávamos as lições, corríamos para o quintal para brincar na areia e subir em árvores, até nossa mãe tocar o sino na varanda da frente, chamando para o jantar.

Algumas das lembranças da minha infância que mais valorizo são as aulas da minha mãe: me lembro de sentar no colo dela, à frente da velha máquina de costura para aprender os primeiros pontos. Observava com atenção seus dedos ásperos e calejados pelas cordas do violão guiarem o tecido sob a agulha como uma navegadora experiente cruzando águas calmas (era um vestido para mim; ela fazia quase todas as nossas roupas). Eu me lembro de quando ela se sentava ao piano elétrico da sala de estar, com os cabelos pretos até os ombros balançando enquanto tocava as notas que eu deveria repetir no meu violino. Ela se virava, então, com o rosto sério e os olhos sorridentes para me fazer tocar as notas no tempo certo e na afinação correta. Antes de podermos comprar o piano, eu tinha aprendido as notas em um de papelão feito por ela, com as teclas desenhadas a caneta hidrográfica; cada vez que eu tocava o teclado, ela cantava as notas correspondentes.

Todo domingo a família inteira se apresentava diante da congregação para a qual meu pai pregava: ele cantava no púlpito, Martha e Sara no microfone, e Peter e Paul dos primeiros bancos da igreja. Minha mãe também cantava e tocava violão, enquanto eu acompanhava ao piano, Elisabeth tocava violino e John ficava na bateria.

Meus pais eram cristãos dedicados. O Espírito Santo era muito real para eles, assim como a guerra espiritual e falar em línguas. Nenhum deles teve criação religiosa; ambos se converteram ao cristianismo

A DENÚNCIA

por volta dos 20 anos. Meu pai era um homem de muita fé e se sentia desafiado por ela. Uma vez, quando perguntei se ele era realmente um crente, meu pai me revelou que se perguntava isso o tempo todo e jamais deixaria de fazê-lo.

Por muito tempo, foi difícil para mim entender isso. Filha de um pastor evangélico, fui criada em um lar cristão, mas sempre me senti presa entre dois mundos. A família da minha mãe é judia e alemã, fazendo com que eu e meus irmãos sempre nos identificássemos parcialmente como judeus — no que tivemos o apoio dos nossos pais. Ao mesmo tempo em que meu pai nos dizia para rezar para Jesus, me dava aulas de hebraico e desejava que eu frequentasse uma escola judaica. Na mesma época, eu e meus irmãos assistíamos à minissérie *Jesus de Nazaré*, e lutávamos para entender os horrores do Holocausto; meu pai contrabandeava bíblias para a China na mesma época em que tentávamos fugir de um grupo de neonazistas e supremacistas brancos* que moravam em nossa cidadezinha. Eu vivia o conflito entre as duas religiões: eu era cristã ou judia? Muitas vezes sentia que era ambas e nenhuma. Ao crescer, vi uma das minhas irmãs se converter ao judaísmo; visitei congregações cristãs e sinagogas, mas nunca me senti acolhida em nenhuma delas.

Devido às suas fortes convicções religiosas, meus pais nunca se encaixaram muito bem no mundo. Se para as pessoas que conhecíamos a fé era algo secundário, para os meus pais crer *era* a vida e a razão da sua existência. Quando criança, sabia que eles eram diferentes das outras pessoas e não conseguia deixar de me perguntar se eu também era assim.

Embora minha mãe tenha conseguido achar pessoas que pensavam da mesma forma, meu pai jamais encontrou um lugar com

---

* O termo supremacia branca e seus equivalentes nesta obra não se referem a ideologias de pureza racial, mas a circunstâncias relacionadas ao racismo e colonialismo, no sentido de as narrativas partirem do ponto de vista de pessoas brancas, anulando outras perspectivas e definindo-as como menores ou inferiores. [*N. da E.*]

que realmente se identificasse. Ele era uma dessas raras pessoas que pareciam pertencer a outro mundo, além de ser um homem de princípios fortes, que buscava desesperadamente conhecer o sentido e o propósito da vida. Quando estava com vinte e poucos anos, ele decidiu que a resposta para todas as perguntas tinha algo a ver com o Deus cristão — aquele de que fala Abraão e o profeta Isaías, o Deus do apóstolo Paulo. Sendo um homem de princípios, meu pai decidiu que, se a Bíblia dizia a verdade e se o Deus descrito nela era real, então a única atitude racional a tomar era dedicar a vida a compreender o Livro Sagrado e se aproximar de Deus.

Ele era um estudioso da Bíblia que tinha um dom especial para idiomas. Ao longo dos anos, meu pai aprendeu hebraico, grego antigo e aramaico para ler a Bíblia; russo e mandarim para pregar em suas viagens missionárias à Rússia e à China, e alemão, francês e espanhol apenas porque amava essas línguas. Tinha uma fome insaciável de conhecimento, tanto religioso quanto secular. À noite, bem depois de a mesa do jantar já estar limpa, ele se sentava com seus cadernos e livros, de cabeça baixa e caneta na mão para estudar e aprender. No trajeto de ida e volta de suas vendas ele ouvia fitas em idiomas estrangeiros, e não saía de casa para vender seus produtos sem a pequena bolsa tipo carteiro preta, na qual levava cadernos, canetas, livros e as fitas do curso de idiomas. Mais do que tudo, ele queria ser escritor. Meu pai escreveu vários livros e os mandou para editoras cristãs, mas nenhum foi publicado. Ele também sonhava em algum dia pregar em uma grande igreja e nunca mais ter que vender aspiradores, telefones ou seguros. No fundo do meu coração, sei que ele deve ter odiado cada momento em que trabalhou como vendedor, mas nunca o ouvi reclamar. E ele jamais parou de aprender e de sonhar.

A DENÚNCIA

Exatamente como meu pai, eu tinha grandes sonhos.

Quando tinha uns 10 anos, notei que todo domingo um escritório de arquitetura em Phoenix publicava a planta de uma de suas novas casas no jornal local. Até então, nunca tinha me ocorrido que os prédios eram projetados por pessoas, que cada edifício fora erguido a partir de uma planta. Comecei a recortar os projetos e olhava para eles até memorizar a planta de cada casa. Deitada no chão, fechava os olhos e tentava imaginar como ela seria. A maioria das casas nas plantas era pequena e prática, mas algumas eram grandes, lindas e extravagantes, com características exóticas, como pátios, escadas imensas e quartos extras que podiam ser transformados em bibliotecas e salas de música. Aquele era um mundo do qual eu não tinha o menor conhecimento. Eu conhecera pouquíssimas casas que não eram pequenas e caindo aos pedaços como aquela onde vivíamos e me perguntava: "Que tipo de gente mora nesse lugar?" Eu imaginava essas famílias e como elas viviam.

Quando minha mãe percebeu o que eu estava fazendo, folheou os catálogos de ensino a distância e comprou o livro de arquitetura mais promissor que conseguiu encontrar. Graças a ele, aprendi a desenhar plantas, a calcular os custos de construção, a alterar prédios já existentes e muito mais. Meus devaneios logo se transformaram em residências únicas.

Ao longo da minha infância, sonhei em ser arquiteta, médica, advogada e até mesmo presidente dos Estados Unidos, mas aquele desejo mais urgente e secreto, que jamais revelei a ninguém por medo de ser ridicularizada, era o de ser escritora.

Quando tinha uns 4 anos, parei de tirar sonecas e tive dificuldade para dormir. Enquanto meus irmãos adormeciam rapidamente, eu permanecia deitada e bem acordada, a cabecinha a mil por hora, incapaz de desacelerar os pensamentos. Minha mãe ficou preocupadíssima, mas uma das amigas da igreja sugeriu a ela que me ensinasse a ler. Ela então encontrou um livro chamado *Alpha-Phonics* e, toda noite, sentávamos juntas na cama e ela me ensinava as primeiras letras — até que, alguns meses depois, eu já conseguia ler. Nunca mais tirei sonecas à tarde, mas conseguia dormir a noite inteira se lesse livros o suficiente durante o dia para ocupar e acalmar minha cabeça.

Lia tudo o que caía em minhas mãos: os livros do meu pai, os das livrarias locais, os da biblioteca — de livros ensinando a construir navios de madeira até *The Saddle Club* e *Nancy Drew*. Sempre que lia um livro, sentia que me transportava para uma vida inteiramente nova, explorando possibilidades e conhecendo um mundo que para mim seria inacessível de outras formas. Por exemplo, eu amava cavalos e queria tanto ter um que meu coração chegava a doer. Sabia que minha família jamais poderia manter um animal, mas sempre que lia algum livro sobre uma menina que tinha um cavalo, conseguia fingir que eu era ela — durante aquelas horas preciosas, eu tinha um cavalo só para mim.

Eu achava que ser escritora era o trabalho mais importante e maravilhoso do mundo. Afinal, os escritores ofereciam às pessoas novas vidas, experiências e mundos onde poderiam viver. Tudo parecia mágico, quase sobrenatural. Então eu escrevia o tempo inteiro. Criei uma breve série de romances ficcionais históricos sobre uma menina que viveu na Grande Depressão, mandei artigos para a revista *Reader's Digest* e comecei o que seria um hábito para toda a vida: manter diários detalhados dos meus dias. Cheguei a escrever para uma das minhas revistas equestres favoritas, perguntando se poderia ter uma coluna mensal (jamais recebi resposta).

Mesmo quando desejava escrever ou projetar casas, o sonho que realmente parecia estar ao meu alcance era o de ser violinista profissional. Afinal, eu pensava que nada impediria uma menina pobre de tocar violino, desde que ela tivesse o instrumento e prati-

A DENÚNCIA

casse arduamente. Assim, eu treinei com meu violino todos os dias, por boa parte da infância e adolescência. Praticava até que meus dedos ficassem tão doloridos que mal conseguia mexê-los. Às vezes, fechava os olhos e fingia competir com os melhores violinistas do mundo. Outras vezes, me via cercada por uma orquestra inteira. A plateia à minha espera, eu entrava no palco, enquanto os outros músicos prendiam o fôlego e o regente me observava, cuidadosamente. Em seguida, eu fazia um aceno de cabeça para o maestro. A orquestra começava a tocar; eu contava os compassos até chegar a minha vez, aproximando o arco das cordas para tocar a abertura do *Concerto para violino*, de Tchaikovsky.

Relembrando, acredito que todos esses sonhos, leituras e brincadeiras eram formas de fugir da minha realidade. Mesmo com toda essa diversão e alegria, a vida era muito difícil. Quando era bem pequena, era ingênua a ponto de pensar que todos viviam na pobreza. Acreditava que isso era o normal, e fui feliz em minha ignorância. À medida que fui crescendo, conheci pessoas que viviam de maneira bem diferente e me dei conta de quão grave era a situação financeira da minha família. Não conseguia entender nem descrever o que sentia em relação a isso. É difícil para alguém que jamais dormiu em uma casa velha e decrépita entender essa sensação. É difícil explicar para quem nunca passou dificuldades como é sentir fome porque sua família não tem dinheiro para comprar comida. Ou não ser levada ao médico quando se está doente porque não há dinheiro para pagar a conta do hospital, ou andar quilômetros até o supermercado porque ou se paga pela comida ou pela gasolina. Essa era a realidade da minha vida, dos meus irmãos e das outras crianças no meu bairro.

Comecei a trabalhar quando tinha por volta de 10 anos. Não me lembro de terem me pedido para fazer isso, mas éramos tão desesperadamente pobres que trabalhar parecia o caminho óbvio. Meu primeiro emprego foi na Spider Pharm, uma pequena empresa familiar de cientistas tchecos que ficava no fim da minha rua. Eles criavam milhares de aranhas venenosas para extrair o veneno, que depois era vendido a laboratórios de pesquisa, hospitais e universidades de todo o mundo. Todo dia, depois de terminar as lições, eu ia até à casa deles por algumas horas para alimentar as aranhas e cuidar das criaturas que elas comiam — de camundongos para as tarântulas até moscas-das-frutas, cujas larvas as aranhas menores adoravam comer.

Era um trabalho difícil e complexo. Jamais vou me esquecer do odor bolorento e forte das larvas das moscas-das-frutas, que se contorciam em cestos de lixo gigantescos do tamanho de uma pia de cozinha. Eu as alimentava e limpava os cestos de plástico, tentando evitar que as larvas caíssem no chão enquanto as transferia de um cesto de lixo para o outro. Às vezes, se tivesse sorte, conseguia abrir as bolsas cheias de ovos de aranhas e, com muito cuidado, usava uma pinça para colocar cada ovo em um pequeno recipiente de plástico. Outras vezes, eu alimentava as viúvas negras e aranhas-marrons com vermes, levantando cuidadosamente a tampa das gaiolinhas das aranhas e jogando larvas vivas lá dentro para elas comerem. Fui mordida muitas vezes, mas nunca fiquei doente porque aprendi no primeiro dia que as presas das aranhas não iam além da pele grossa das pontas dos dedos. Se as aranhas só mordessem ali, eu ficaria bem.

Tinha ainda um segundo emprego em outra empresa local, a Brand New Dead Things. O dono era um senhor gentil chamado Paul que passava os dias andando pelo deserto, coletando cristais, insetos e ratos mortos. Ele tinha uma loja em Yarnell, a alguns quarteirões de nossa casa, repleta de tudo o que ele tinha encontrado, polido, tirado a pele e colocado em vitrines. Paul ensinou a

A DENÚNCIA

mim e a Elisabeth a pregar cuidadosamente borboletas, mariposas e grandes insetos em quadros e emoldurá-los de modo profissional. Os insetos lindamente montados eram vendidos a turistas, escolas e museus. Houve uma infestação de gafanhotos em Yavapai County durante um dos anos em que trabalhamos lá e, por alguns dólares por hora, eu e Elisabeth sentávamos nos fundos da Brand New Dead Things por horas a fio, pregando e preservando centenas de gafanhotos que tinham de 15 a vinte centímetros de comprimento.

No início da minha adolescência, a situação financeira da família chegou a um ponto crítico e minha mãe precisou arrumar um emprego. Ela começou a trabalhar como caixa de banco na cidade vizinha de Wickenburg e, portanto, não podia mais nos educar em casa. Minha mãe ficou terrivelmente decepcionada por ter que voltar a trabalhar pois amava nos ensinar, mas não teve outra escolha. Meus irmãos menores foram matriculados nas escolas públicas locais e começaram a assistir a aulas de verdade pela primeira vez na vida, mas eu e Elisabeth não conseguimos nos matricular. Não sei exatamente o motivo. Tenho a lembrança de alguém me falar sobre provas que não fizemos, sobre a dificuldade de nos encaixar em qualquer série além do ensino fundamental (que éramos velhas demais para frequentar), e que precisaríamos aprender o conteúdo do ensino médio em casa, pois aparentemente não havia outra opção: estávamos completamente por conta própria.

Eu não sabia como estudar sozinha, mas acabei criando uma rotina: trabalhava de dia, depois lia e estudava à noite. Elisabeth parecia ter mais facilidade em aprender o que estudaríamos na escola. Ela comprava livros de matemática e biologia e fazia experiências de química no quarto que dividíamos com nossas irmãs mais novas. Eu, por outro lado, fui incapaz de fazer mais do que estudar em livros de álgebra para iniciantes e chorar em cima das páginas porque nada fazia sentido para mim. Observava com inveja meus irmãos mais novos fazendo amizades, assistindo a aulas, trazendo pilhas de lições para fazer em casa e participando de esportes, aulas de dança e outras atividades escolares. Eu sonhava em poder ir à escola e criei uma fantasia elaborada sobre ter um armário no qual guardava meus livros, tinha amigos para brincar e fofocar, lição de casa para fazer à noite, esportes coletivos para jogar e atividades extracurriculares. A escola parecia o paraíso para mim.

Tive um gostinho desse paraíso quando Elisabeth e eu recebemos modestas bolsas de estudo de uma ONG de música. Elas vieram de um doador anônimo, que pediu para que o dinheiro fosse usado em aulas de música. Na época, eu ainda queria ser violinista profissional e, nos últimos anos, tinha tocado em competições, festivais de *bluegrass*, orquestras e pequenos grupos — sempre que podia, em qualquer lugar e para quem quisesse me ouvir. Àquela altura, eu era muito boa e minha irmã também. Quando recebemos as bolsas, aproveitamos a oportunidade e usamos o dinheiro para fazer aulas em uma faculdade de Prescott, cidade que ficava a 45 minutos de carro de Yarnell. Por um ano inteiro, tocamos na orquestra da faculdade, estudamos teoria musical e fizemos aulas particulares de violino. Nos dias em que não tínhamos aula, trabalhávamos o máximo de horas possíveis ganhando menos que um salário mínimo. Embora as bolsas pagassem a mensalidade, ainda precisávamos arcar com os custos do transporte, das roupas, uma parte da alimentação, livros, taxas da faculdade e alojamento, tudo o que nossos pais não podiam bancar. Às vezes, nossos pais só podiam ir de carro até Prescott para nos buscar no dia seguinte; nenhuma de nós tinha idade para dirigir. Sempre que isso acontecia, dormíamos nos beliches de um acampamento cristão de férias que ficava vazio durante o período letivo. Não havia aquecimento e às vezes nem água corrente — mas era o que podíamos pagar.

Eu tinha esperança e achava que havia resolvido o problema de como conseguir uma educação. Sonhando com a formatura, eu

A DENÚNCIA

e Elisabeth nos matriculamos em outros cursos e ficamos muito decepcionadas quando nossas bolsas foram bruscamente cortadas. Elas tinham uma série de restrições que não faziam sentido para nós; na ânsia de continuar estudando, violamos uma das regras, cursando disciplinas não relacionadas à música (embora fossem necessárias para obtermos uma graduação em música) e isso nos levou a perder as bolsas de estudos. Voltamos à estaca zero.

Nessa mesma época, levei o arco do violino a um luthier local para trocar os fios. Quando eu e minha mãe voltamos lá para buscá-lo, ele nos deu o arco em dois pedaços, dizendo que tinha se quebrado ao meio durante o trabalho, e afirmou que "é o que acontece com arcos velhos", como se isso pudesse me consolar. Ele não conseguiu consertar o arco e não havia mais ninguém que pudesse fazê-lo em um raio de 160 quilômetros. A perda do arco foi catastrófica. Era o que eu usava em competições e, sem ele, simplesmente não podia tocar. O outro arco que eu tinha era de plástico barato e produzia sons horríveis ao tocar o violino. Eu não podia comprar um arco novo, então estava completamente perdida. Arrasada, afrouxei as cordas do violino, guardei-o no fundo do armário e só voltei a tocar depois de anos.

Após perder tanto a bolsa de estudos quanto a possibilidade de tocar violino, entrei em depressão profunda. A ideia de passar o restante da adolescência ganhando menos que um salário mínimo e estudando sozinha era mais do que eu podia suportar. Sem o violino, tinha perdido meu sonho, a esperança de ter um futuro melhor e o único jeito que eu conhecia de escapar da pobreza da minha infância. Sentia-me perdida, como se não houvesse motivo para levantar da cama de manhã ou razão para continuar a viver — eu me sentia presa em uma espécie de purgatório: não queria morrer, mas não queria viver uma vida na qual me sentia confinada. Não sabia mais o que fazer, exceto continuar vivendo e torcer pelo melhor.

O final da minha adolescência foi mais ou menos igual. Trabalhava durante o dia, primeiro dando aula de violino para crianças, depois cuidando de cavalos e como babá até conseguir um emprego no comércio; à noite, lia e estudava, fingindo que os autores eram meus professores e os capítulos dos livros didáticos, transcrições das palestras que frequentava. Quando lia os *Diálogos* de Platão, me imaginava sentada ao longe, entreouvindo suas conversas com Sócrates. Foi o período mais solitário da minha vida.

Como eu trabalhava durante o dia, estudava a noite inteira e não ia à escola, não tinha muitas oportunidades para conhecer pessoas da minha idade. Em um esforço para me proteger das drogas, do sexo e de outras influências corruptoras, meus pais tinham regras rígidas sobre amizades: as do sexo feminino tinham que frequentar a igreja, as do sexo masculino eram proibidas e, certamente, nada de namorados. Eu driblava essa última parte saindo com meninas cujas famílias iam à igreja, mas precisávamos manter o relacionamento em segredo. Ser uma jovem mulher atraída por outras jovens mulheres (ou, no meu caso, atraída tanto por homens quanto por mulheres) era amplamente condenado pela comunidade. Amizades platônicas eram quase impossíveis de se manter. Sempre que eu encontrava gente da minha idade, raramente havia interesse em fazer amizade — talvez porque eu fosse o estereótipo ambulante da criança estranha e pouco sociável por ter sido educada em casa.

Eu achava que o resto da minha vida se resumiria a essa rotina exaustiva e solitária. Eu realmente acreditava que estava tudo acabado; era tarde demais. Eu via o que meus irmãos e conhecidos aprendiam na escola, com a dolorosa consciência do quão ignorante eu era. Jamais havia feito uma prova de verdade; meus conhecimentos de matemática não iam além da multiplicação e divisão, e não sabia praticamente nada de ciências. Não importava quantos livros eu lesse: não acreditava que seria possível acompanhá-los.

A DENÚNCIA

Eu só queria ser uma jovem normal, ir à escola, conhecer pessoas e aprender, usar minha inteligência, ter as mesmas oportunidades que outros da minha idade. Tentei entrar para a escola depois da breve experiência com as aulas de música, mas pelos mesmos motivos que não pude me matricular antes, as instituições de ensino médio não me aceitaram. Não podia pagar uma faculdade e era jovem demais para me qualificar a uma bolsa de estudos. Minha dor tornou-se excruciante quando Elisabeth foi aceita (com bolsa) em uma faculdade em Phoenix. Quando também me candidatei, fui rejeitada.

Eu sabia para onde minha vida estava indo. Era óbvio. Afinal, que chances havia para uma mulher pobre do interior, sem educação formal e oriunda de uma cidadezinha perdida no meio do nada? Pensei nas outras jovens da minha cidade, que também cresceram na pobreza e não tinham oportunidades de escapar, pouca esperança ou mesmo perspectiva de futuro. Nem as que conseguiram se formar no ensino médio subiram de vida. Muitas se viciaram em drogas, moravam com os pais em trailers e viviam com o auxílio do governo porque só conseguiam empregos de meio período, ganhando abaixo de um salário mínimo. Esse seria o meu futuro (ou ainda pior), e essa perspectiva doía. Meu Deus, como doía. Eu chorava até dormir, na maioria das noites.

Até que um dia tive uma revelação.

Lembro-me do momento exato em que aconteceu. Devia ter 15 anos; estava sentada no escritório do meu pai, cercada por suas estantes e pilhas de livros, tentando encontrar um que ainda não tivesse lido. Era cedo; meus irmãos estavam na escola e eu tinha algumas horas sozinha antes de ir para o meu trabalho como babá. Entre os livros que havia lido nos últimos anos, pensando nas histórias que falavam de pessoas incríveis e de seus atos grandiosos, subitamente algo me ocorreu: aquelas eram histórias sobre pessoas *proativas*, que não ficaram *passivamente esperando pelo destino*; elas *fizeram algo acontecer* em vez de *apenas observar*.

Naquele momento pensei em Epiteto, um dos maiores filósofos da Antiguidade que passou a maior parte de sua vida como escravo. Segundo ele, qualquer pessoa pode ter uma vida plena e significativa se concentrar sua energia para mudar apenas o que pode ser mudado, ignorando ou, pelo menos, aceitando o restante. Lembrei-me de Platão, cujos *Diálogos* me ensinaram que ter uma vida boa era acessível a qualquer um que se dedicasse à busca pelo conhecimento e pela virtude. Naquele momento, percebi que precisava ser, como nas palavras de Isaiah Berlin, sujeito e não objeto da minha vida.

Foi como se meu cérebro instantaneamente se iluminasse com o que meu subconsciente queria me dizer: minha sobrevivência dependia da minha capacidade de lutar por uma vida melhor — e eu estava pronta para vencer essa batalha. Levantei-me e jurei a mim mesma que encontraria um jeito de sair da pobreza, aprender o que me faltava e entrar em uma faculdade. Eu encontraria uma *saída*. Não havia ninguém para me ajudar; eu estava por minha conta.

Meu plano era simples: adquirir o conhecimento necessário para convencer uma faculdade a me aceitar. Estudaria apenas as matérias que poderia aprender sem a ajuda de um professor, esperando que fosse o bastante para ser aceita. Matemática avançada, ciência e tecnologia estavam fora de cogitação; tentar aprendê-las por conta própria resultou em um grande fracasso, e não havia motivo para perder tempo com essas disciplinas. Concentrei-me em línguas estrangeiras, história, literatura e filosofia. Liguei para escolas de ensino médio, faculdades e universidades em todo o país, expliquei minha situação e perguntei as ementas dos cursos, a bibliografia em uso e o que eu precisava aprender sozinha para ser aceita.

Analisei os requisitos para a matrícula nas melhores faculdades e tentei me encaixar neles da melhor forma possível. O mínimo

A DENÚNCIA

necessário era saber o que era ensinado no ensino médio, então fiz a lista de matérias e aprendi as que consegui entender sozinha. Em seguida, digitei o meu currículo: com um "Susan Fowler Home School" no alto de cada página, listei todas as "matérias" que aprendera, com os respectivos livros didáticos e paradidáticos. Por muitos anos, depois de voltar dos meus vários empregos, varei as noites estudando nos livros didáticos do ensino médio que encontrava em promoção nos sebos locais, registrando cada exercício resolvido para que pudesse enviá-los às faculdades. Eu ainda precisava de duas coisas. Minha carta de apresentação foi reescrita incontáveis vezes; ali explicava por que desejava aprender e ir para a faculdade. Meu teste de admissão a universidades foi feito em uma escola de ensino médio em Gilbert, Arizona. Cercada de alunos que há anos vinham se preparando para o exame, fiz minha primeira prova formal da vida. Por fim, eram exigidas cartas de recomendação, então procurei professores das faculdades locais e pedi a eles para me orientar e me ajudar. Depois de aprender a matéria que eles ministravam, solicitava as cartas de recomendação.

Enquanto eu fazia tudo o que podia para entrar na faculdade, meus pais também trabalhavam arduamente para melhorar de vida. Os dois adoravam ensinar, então decidiram obter a licenciatura. Exatamente como eu, trabalhavam durante o dia e estudavam até tarde da noite. A transição foi dolorosa para o meu pai, que abandonou o trabalho na igreja e nunca mais pregou diante de uma congregação. Com essa agenda atribulada, eu raramente via meus pais, exceto nos fins de semana, quando a família toda ia à igreja em Phoenix. Em uma dessas viagens, minha mãe achou um luthier em Tempe, Arizona, que se ofereceu para consertar o arco do meu violino cobrando apenas o material. Era um desafio que todos consideravam quase impossível de ser vencido, mas ele abordou o problema com a destreza de um cirurgião: colou a estrutura, acrescentando pequeninos pedaços de madeira dos lados para reforçá-la e lixando as emendas, tornando-as imperceptíveis. Quando fomos buscar o arco, levei o violino e precisei afiná-lo na loja; mesmo sem praticar há muito tempo, quando deslizei o arco pelas cordas e ouvi a música fluindo, foi como se o tempo não tivesse passado. Eu me senti completa de novo.

Para minha total surpresa, tirei uma nota muito boa no exame de admissão da universidade — alta o suficiente para conseguir a maior bolsa de estudos por mérito oferecida pela Universidade do Estado do Arizona, a maior da minha região.

CAPÍTULO **DOIS**

Meu plano tinha dado certo. Eu tinha 18 anos e era caloura na Universidade do Estado do Arizona, com uma bolsa integral e a oportunidade de aprender tudo o que sempre sonhara.

Antes do início das aulas, passei horas e horas diante do computador olhando a extensa lista de cursos e escolhendo as matérias que sonhava fazer. Queria estudar música (com ênfase em violino), porque estava no meu sangue; sentia que tinha vocação para ser violinista. E também filosofia, porque acreditava que assim conseguiria responder às questões que me afetavam de modo tão profundo. Exatamente como meu pai, jamais senti que pertencia a esse mundo; se eu entendesse um pouco melhor a vida ou a natureza do universo, talvez meu lugar no mundo se tornasse evidente para mim. Queria saber como deveria viver, o que significava ter uma vida "boa". Assim como hoje, acreditava na época que estudar filosofia me ajudaria a descobrir essas respostas.

No fim da primavera, decidi que não podia mais esperar. Tomada pela empolgação, me inscrevi em vários cursos de verão, me mudei com alguns músicos que conhecera no ano anterior para uma casinha velha em Tempe, bem ao lado do campus principal da universidade, e me preparei para o início das aulas.

Pouco antes de o período letivo começar, parei em um estúdio perto do campus e tatuei minhas frases favoritas dos *Amores* de Ovídio no braço esquerdo: *Nitimur in vetitum semper, cupimusque negata* ["Pomos esforço no que nos é proibido e sempre desejamos o que nos é negado"][2] — era isso o que eu vinha fazendo todos aqueles anos. Queria ver ao espelho todas as manhãs esse lembrete permanente: uma educação formal e a autonomia pessoal haviam sido negadas ("proibidas") a mim. Finalmente teria a oportunidade de aprender e determinar o meu futuro; não iria desperdiçá-la.

Assim que as aulas começaram, mergulhei de cabeça nas tarefas e na minha nova vida. Todos os dias, pegava o violino e os livros e rumava para o campus. Eu me esforçava nas aulas, e comecei a fazer amigos. Tocava meu violino todos os dias. Desde que o arco fora consertado, passei a ter aulas com um professor emérito da universidade, recomendado pelo luthier de Tempe, chamado Frank Spinosa, que aceitava poucos alunos novos a cada ano. Todos os dias, eu praticava o *Concerto para violino* de Tchaikovsky (a parte solo escolhida para apresentar nas audições para orquestras naquele outono) e a parte do primeiro violino de uma obra de Shostakovitch (a peça orquestral que eu precisava para tentar uma vaga nas sinfônicas) até os dedos doerem e os ombros ficarem rígidos. Pela primeira vez eu me sentia quase "normal": estava na escola, tinha amigos e só precisava trabalhar meio período. A mensalidade era quase toda coberta pela bolsa, então eu precisava apenas ganhar dinheiro suficiente para pagar as contas de casa e a comida. Assim,

---

2 OVÍDIO. *Amores & Arte de amar.* Tradução, introduções e notas de Carlos Ascenso André. Prefácio e apêndices de Peter Green. Penguin/Companhia das Letras: São Paulo, 2019. [*N. da T.*]

A DENÚNCIA

trabalhava em uma livraria cristã e gastava o mínimo possível — o que não era tão difícil: era o único jeito que eu sabia viver.

Foi um verão glorioso — mas, mesmo tão empolgada para começar o ensino superior, a vitória teve um gosto amargo. A Universidade do Estado do Arizona não tinha sido a minha primeira opção. Outras faculdades me ofereceram bolsas, mas meu pai fora diagnosticado com câncer no cérebro: depois do diagnóstico, a decisão em qual delas me matricular foi mais do que uma questão de comparar departamentos de filosofia e currículos de música. Só o que importava era estar perto do meu pai. O oncologista dissera que ele viveria pelo menos até o Natal; eu queria passar o máximo de tempo possível com meu pai antes de ele morrer.

Logo depois do diagnóstico, quando ainda estava bem o bastante para sair de casa, ele me acompanhou ao campus quando chegou a hora de eu receber as orientações para novos alunos. Ele transbordava de orgulho por mim — estava estampado em seus olhos e no seu sorriso, por mais que ele tentasse esconder, enquanto andávamos pelo campus, aprendendo sobre as aulas e atividades extracurriculares. Quando voltamos para casa de carro, no fim do dia, ele me contou sobre suas melhores lembranças da faculdade: as aulas de idiomas, os amigos, as aventuras que viveu e o que aprendeu sobre si mesmo. Empolgada, falei sobre as aulas de grego e latim em que tinha me inscrito. Ao perguntar se deveria fazer uma matéria de história ou mitologia antiga para cumprir um requisito, olhei para ele e encontrei um dos maiores sorrisos que já tinha visto.

A saúde do meu pai se deteriorou rapidamente. No meio do verão, quando fui visitá-lo em casa, ele pareceu não me reconhecer ou mesmo se lembrar de mim. Meu pai entrava e saía do hospital, onde eu preferia visitá-lo. Vê-lo em casa era doloroso demais: mesmo cercado pelos livros, cadernos e filmes favoritos sobre a Segunda Guerra Mundial, ele não lia ou falava; passava os dias sentado no sofá e olhando para a parede. De alguma forma, tudo parecia menos real quando eu o via no hospital, cercado de doentes terminais. Ali, ele não parecia tão terrivelmente deslocado.

Pouco antes da minha audição para a orquestra da universidade, eu não conseguia me concentrar, depois de horas praticando o violino. Essa audição era *muito importante* — aquela que definiria se eu faria graduação em música com foco em violino, seguindo o meu sonho de ser uma violinista profissional. Eu contava as horas para me apresentar para a banca de juízes avaliadores, esperando que eles percebessem quão bem eu podia tocar os compassos de Shostakovitch, torcendo para não errar o solo de Tchaikovsky, para que minhas mãos não tremessem muito quando eu tocasse as escalas e tendo fé em Deus de que conseguiria executar qualquer escala exigida. Sabia que conversar com meu pai me ajudaria a ter coragem, então peguei um ônibus e fui vê-lo.

Alguns dias antes ele fora transferido para uma unidade de cuidados paliativos em Mesa, Arizona, a apenas trinta minutos da universidade. Cheguei lá ao anoitecer e, quando o ônibus parou no ponto, notei a antiga minivan de minha mãe entrar no estacionamento. Assim que a vi, sabia por que ela e meus irmãos estavam lá.

— Tentei ligar para você — disse minha mãe, enquanto me abraçava.

Entramos todos juntos no quarto. Quando o vi, senti o coração parar. Ele parecia tão velho, frágil. Meu pai não entendia o que eu dizia e parte de mim estava feliz com isso, pois eu não sabia o que dizer. Ele morreu no início da manhã seguinte; eu estava lá, segurando sua mão, quando ele deixou este mundo e entrou bravamente no próximo.

Não recordo muito bem o que aconteceu a seguir. Tenho algumas lembranças, como a de ter chovido na noite seguinte à morte dele. Minha amiga Chelsea me abraçando enquanto eu chorava, dizendo que a chuva era porque a terra estava de luto pela morte

A DENÚNCIA

do meu pai. Eu me lembro de entrar, aos tropeços, no departamento de música na manhã da audição, depois de sentir meu corpo desconectado da minha mente, enquanto estava sentada no chão dos bastidores esperando me chamarem. Entrei no palco bem iluminado e olhei para os assentos vazios, que pareciam ir até onde a vista alcançava — a escuridão que levava aos confins do universo. Fiquei em pé ali, flutuando acima do corpo, vendo a banca de juízes à minha direita e as fileiras de assentos, à frente. Lembro-me de pensar que, se eu saísse do palco e seguisse as cadeiras até o céu, talvez alguém estivesse lá esperando por mim — enquanto isso, os juízes me pediam repetidas vezes para que eu tocasse uma escala, e eu não conseguia entender o que eles diziam. Toquei o lá menor porque era a única escala de que me lembrava. Eles se entreolharam, pediram para que eu executasse a peça escolhida; consegui tocar a abertura do *Concerto* de Tchaikovsky, mas não fui muito além do começo. Queria que aqueles primeiros compassos de melodia saíssem do meu violino repetidamente, cada vez mais alto, até o som ficar tão ensurdecedor, furioso e triste que preenchesse todas as fileiras vazias.

Eles nem me pediram para tocar o Shostakovitch.

Não entrei para a orquestra e fui colocada em um dos conjuntos de menor importância. Para piorar, eu não teria um instrutor de violino. O fracasso da audição acabou com a possibilidade de conseguir uma graduação em música com especialização em violino e, consequentemente, com a chance de ser violinista profissional.

Tudo o que eu sabia e amava em relação à minha vida estava de pernas para o ar. Nossa família nunca mais seria a mesma, como eu sempre soubera. Meu pai não estava mais vivo, eu nunca mais o veria sentado à mesa da cozinha, conjugando os verbos gregos ou lendo um dos seus livros favoritos de Teddy Roosevelt. Eu não suportava o peso de saber que ele tinha vivido sem realizar seus sonhos e temia ter o mesmo destino. Minha carreira no violino, um sonho que havia nascido quando toquei o instrumento ainda criança, estava acabado. Não de forma ruidosa, mas sim em um silêncio doloroso e sem fim.

No outono, quando o semestre começou, as primeiras semanas de aula foram difíceis, pois eu era apenas uma sombra do que costumava ser. Não conseguia dormir, comer, pensar, não conseguia nem chorar. Uma das minhas irmãs depois contou que todos pensavam que eu estava bêbada o tempo todo porque vivia em estado de permanente torpor. No fim das contas, desabei. Tranquei as matérias do semestre e me internei em uma instituição psiquiátrica. Longe do mundo por alguns dias, finalmente me permiti sentir e pude viver o luto não só pela morte do meu pai, como também pelo fim do meu sonho e da minha infância.

Nas semanas seguintes, enfrentei minhas perdas e questionei para onde a vida me levaria. Sentia culpa e tristeza tão terríveis por ter falhado na audição; precisava viver com o peso de ser responsável pelo fim do meu sonho. Tentei encontrar esperança e ponderei se o meu destino seria outro: talvez o universo tivesse outros planos para mim que, de alguma forma, eram mais importantes ou adequados do que ser violinista. Dizer a mim mesma que havia algum propósito ou sentido por trás da perda me fez sentir melhor. Se houvesse algo maior reservado para mim, então havia uma chance de sobreviver à mágoa e aceitar a perda. Mas e se eu estivesse errada? E se o universo não tivesse plano algum para mim? A ideia de que o fim abrupto do sonho de uma vida fora apenas um acidente aleatório e que talvez não haja qualquer sentido ou propósito nisso era terrível de imaginar.

Tentei muito não pensar, não me concentrar na morte dele, mas perder meu pai me afetou demais. Sentia muito a sua falta;

me recusava a admitir que nunca mais o veria. Eu tinha um sonho recorrente: ele não morrera, mas saíra para vender alguma coisa ou estava em uma das viagens missionárias para a Rússia ou para a China. Eu me perguntava se estava vivendo o luto pelo fracasso da audição para me distrair da única perda que eu não desejava enfrentar.

Queria tanto pedir ajuda ao meu pai como costumava fazer no início da adolescência. Depois que minha mãe tirava a louça do jantar, ele se sentava na cadeira velha e feia de madeira que ninguém mais gostava, com os livros e cadernos espalhados pela mesa da cozinha, e eu perguntava:

— Ei, pai, quer dar uma volta?

Ele sorria e respondia:

— Claro, Susan, por que não?

Como sempre, ele sabia que eu queria conversar sobre algo sério, importante e que eu não entendia. Andávamos pela vizinhança até resolvermos a questão. Ele raramente tinha as respostas para as questões estranhas que enchiam a minha cabeça, mas de um jeito meio socrático perguntava o que eu estava pensando, me pedindo para elucidar alguns pontos, perguntava o que eu estava pensando de novo até eu ter pensado e falado o suficiente a ponto de tudo fazer sentido para mim. Depois que ele morreu, mais do que nunca eu queria sair para uma dessas caminhadas novamente.

Quando a névoa do luto e da depressão finalmente começou a se dissipar, revisitei alguns dos pensadores que mudaram minha vida ao longo dos anos. Mais do que nunca, desejava saber o que significava ser humano, ter sonhos e objetivos, levar uma vida boa e significativa. Enquanto lia as palavras dos grandes filósofos, poetas e romancistas, decidi que se passasse o meu tempo na Terra tentando responder às grandes perguntas, teria uma vida plena, feliz e satisfatória. Eu não sabia se as respostas estavam na filosofia, literatura, música, ciência, arte, matemática ou em alguma combinação dessas ciências, mas decidi que usaria a educação superior para tentar descobrir. Como escreveu meu poeta favorito, Rainer Maria Rilke, "Viva as perguntas", na esperança de que, algum dia, eu pudesse "gradualmente, sem perceber, viver a resposta em um dia distante".

Estava determinada a retomar os estudos e recomeçar, mas antes precisava sobreviver aos meses seguintes. Como havia trancado as matérias, não tinha onde morar. Mesmo pagando o quarto do dormitório, é preciso ser um aluno matriculado para morar no campus. Paguei à universidade todo o dinheiro de aluguel e comida que tinha economizado para o ano e agora estava completamente sem dinheiro e sem um teto. Tentei receber um auxílio do governo, sem sucesso: havia o dinheiro da bolsa recebido no início do ano, mesmo que ele tivesse servido para pagar as mensalidades. Dormi no carro por algumas semanas, fiquei com minha mãe por vários dias e pulei de sofá em sofá até que uma amiga se dispôs a alugar o dela por cem dólares ao mês — era o máximo que eu podia pagar. Consegui achar trabalho (algumas horas por semana) que mal dava para cobrir minhas despesas. Vendi tudo o que tinha para sobreviver: computador, instrumentos musicais que não tocava, roupas, livros; pulava a maioria das refeições porque não tinha dinheiro para comer.

Durante aqueles meses, cheguei a pesar cerca de quarenta quilos, mas não me desesperei. Estava determinada a voltar para a faculdade, continuar minha educação e descobrir como ter uma vida com propósito. A cada dia, dizia a mim mesma que as circunstâncias eram apenas temporárias: eu só estava passando por uma fase ruim. Empolgada e um pouco apavorada, escolhi cuidadosamente as aulas e contei as horas até o início do semestre: assim que ele começasse, eu seria uma aluna incrível e encontraria um novo rumo na vida.

A DENÚNCIA

O primeiro dia de volta à faculdade foi um dos mais felizes da minha vida.

Dessa vez, eu tinha só uma graduação: Filosofia. Ao longo do ano e meio seguinte, fui preenchendo a grade de horários com matérias de filosofia. Amei cada momento, aula, artigo, trabalho e prova, além de todos os meus professores maravilhosos. Estava prosperando e as notas eram a prova disso: eu ficava entre os melhores da turma a cada semestre. Todos os livros de filosofia que li ao longo dos últimos anos tinham me dado uma base sólida e, em pouco tempo, estava cursando disciplinas da pós-graduação, além das matérias obrigatórias da graduação em Filosofia. Assistindo a essas aulas, aprendendo epistemologia, ética e lógica, comecei a construir uma visão do mundo que finalmente fazia sentido para mim. Passei a vida inteira sem entender como o mundo funcionava, por que as pessoas agiam de determinadas formas ou como a vida deveria ser, mas naquelas aulas eu finalmente começara a encontrar algumas respostas.

Também fiz amizades maravilhosas no departamento de Filosofia — o tipo de amigos que sempre sonhei ter, com quem eu podia discutir assuntos importantes para mim. Pela primeira vez na vida, não me sentia mais "de fora". Encontrei um grupo de pessoas iguais a mim, interessadas em descobrir as melhores formas de viver e que desejavam saber como o mundo funcionava. Naquele grupo, eu não era a estranha, a pária social, a criança esquisita que fora educada em casa. Eu era apenas *eu*.

Minha melhor amiga era Shalon. Éramos quase gêmeas: ambas de cabelos pretos e com tatuagens praticamente idênticas. Quando nos conhecemos, eu estava na fila para um show no centro de Phoenix e ela, saindo do teatro. Um amigo em comum nos apresentou e ficamos fumando um cigarro atrás do outro e conversando sobre o nosso amor por cinema, arte, história, filosofia e literatura. Não tenho a menor lembrança do que mais aconteceu naquela noite. Não me lembro da banda, das pessoas com quem fui ao show, nem do nome do lugar — só lembro que conheci minha melhor amiga. Como agora, na época pensei que estávamos destinadas a nos encontrar.

Durante o segundo ano na faculdade, precisei fazer uma matéria introdutória de ciências para cumprir a grade obrigatória, então me inscrevi em astronomia. Até então eu não sabia praticamente nada de ciências, exceto o que conseguira aprender em conversas casuais e nos livros que tinha estudado em casa. Fiquei impressionada com a aula, não conseguia acreditar que os seres humanos sabiam tanto sobre o Universo e sua natureza. Conhecíamos estrelas, galáxias, sabíamos como e quando o cosmos começou e onde terminou. Enviamos homens à Lua, colocamos uma estação espacial na órbita da Terra, construímos telescópios em terra e no céu que podem nos dizer o que há no espaço sideral ao nosso redor agora e há bilhões de anos. O mais empolgante de tudo é que ainda há muito a descobrir.

Determinada a aprender mais, fui à sala do professor e disse o quanto eu adorava o que estávamos aprendendo. Perguntei o que precisava estudar para saber tudo o que os cientistas sabiam em relação ao Universo — eu precisava saber *tudo*. Ele me recomendou estudar física e falou das matérias necessárias para que eu me graduasse nesse campo. E também sugeriu que eu lesse *Lições de física*, de Richard Feynman.

Mesmo não compreendendo tudo, entendi o bastante do livro para saber que precisava estudar física. Empolgada e ansiosa, tentei me inscrever em matérias no semestre seguinte, mas não consegui por não ter os pré-requisitos necessários. Fui à secretaria e perguntei se podia me inscrever em matérias de matemática e física

A DENÚNCIA

e sair com graduação nesta última disciplina e em Filosofia. Mais uma vez, recebi um "não" firme, porém educado — meu histórico escolar do ensino médio não incluía as exigências necessárias em matemática e ciências. Eu precisaria de anos para aprender a matemática do ensino médio antes de atender os pré-requisitos para as matérias introdutórias de física e matemática na universidade. Eu tentei, procurei todas as brechas possíveis, implorei e fiz apelos emocionados, mas nada adiantou.

Meu coração estava decidido a estudar física; não havia como mudar de ideia. Precisava entender a natureza do Universo e sabia que não poderia ficar na Universidade do Estado do Arizona. Era preciso encontrar outro jeito. Pedir transferência para outra instituição estadual não era uma opção: toda universidade estadual parecia ter as mesmas exigências. Contudo, pensei que, se fosse aceita em uma escola de alto nível como uma das universidades da Ivy League, eles me deixariam estudar Física. Afinal, se eles me achassem inteligente e qualificada o bastante para ser aceita, certamente acreditariam que eu era inteligente e qualificada o bastante para fazer as matérias introdutórias de matemática e física. Cruzei os dedos e me inscrevi em todas as universidades de alto nível do país que aceitavam transferências. Quando todas as cartas de aceitação (e várias rejeições) chegaram, escolhi a instituição que tinha o melhor departamento de Física: a Universidade da Pensilvânia.

CAPÍTULO **TRÊS**

Muitas vezes me perguntei o que poderia ter acontecido se tivesse ficado na Universidade do Estado do Arizona, onde me sentia acolhida, tinha professores que acreditavam em mim e amigos como Shalon. Olhando para trás, às vezes me pergunto se deveria ter me esforçado mais. Se tivesse passado uns semestres extras fazendo os pré-requisitos exigidos em uma faculdade local ou se tivesse encontrado um jeito mágico de persuadir a faculdade a me deixar estudar matemática e física. A Universidade do Estado do Arizona foi uma universidade incrível e generosa que fazia estudantes peculiares como eu se sentirem acolhidos. Infelizmente, a Penn acabou sendo um lugar bem diferente.

Lá, eu me sentia excluída, cercada por colegas que tinham estudado em prestigiosas escolas particulares, praticavam esportes como rúgbi e tênis e vinham de famílias ricas — entre eles, eu me destacava negativamente. Para receber os novos alunos, a universidade alugou o Museu de Arte da Filadélfia e todos os calouros puderam andar à vontade pelas salas de exibição a noite inteira. Enquanto muitos alunos dançavam na entrada e nas escadas, percorri o museu vazio sozinha, apreciando as exposições — porque eu amava arte e a ostentação me incomodava. Quando fui a um dos refeitórios da faculdade pela primeira vez, precisei devolver uma parte da comida porque tudo era absurdamente caro e eu não podia pagar. À frente do caixa tentando decidir o que deixar de lado, senti a menina atrás de mim bater no meu ombro, dizendo com um sorriso: "Passe o seu cartão estudantil. Assim os seus pais vão pagar."

Eu não sabia nem como começar a dizer a ela que minha mãe, uma mulher viúva, que tentava sustentar meus cinco irmãos mais novos com o parco salário de professora e cuja casa o banco tentava tomar, definitivamente não podia pagar minha comida. Eu sempre ligava para Shalon para contar os detalhes da minha nova vida na Ivy League. Ela também cresceu na pobreza e conquistou espaço no mundo por conta própria. Ficamos ambas impressionadas com o luxo e a riqueza que existiam na Universidade da Pensilvânia.

Eu queria me encaixar e me esforçava muito para isso, mas não me importava em ficar de fora. Nutria grandes sonhos e tinha certeza de que estudar na Penn me ajudaria a realizá-los. Na aula inaugural, sentei-me na primeira fila, com olhos arregalados, sorriso no rosto e vestindo um moletom azul escrito "Penn", enquanto a presidente da universidade, Amy Gutmann, subia ao palco para dizer que a Penn apoiaria todas as nossas buscas intelectuais. Enchi a grade de horários com matérias avançadas e de pós-graduação em Filosofia e fui aceita no programa que me permitiria fazer mestrado em Filosofia junto com a graduação. E, para minha imensa alegria, também consegui me matricular nas primeiras disciplinas de matemática e física.

Elas estavam, porém, muito além da minha capacidade, pois estava lamentavelmente atrasada em relação aos meus colegas. Todos eles tiveram aulas de cálculo e física no ensino médio, enquanto minha educação em matemática parou na divisão com

A DENÚNCIA

números grandes. Mas eu sabia que esta seria a minha situação desde o começo e tinha determinação para avançar. Minha vida naquele primeiro semestre foi muito parecida com a vida antes da Universidade do Estado do Arizona, quando trabalhava o dia inteiro e estudava até tarde da noite: assistia às aulas o dia inteiro e depois andava até o apartamento que alugara fora do campus, onde estudava até desmaiar de exaustão. Tinha muitos anos de matéria para aprender, então para fazer os trabalhos da Penn usava livros de matemática e física do ensino médio, tentando me atualizar.

No fim do semestre eu sentia um imenso orgulho de mim mesma: tinha passado nas matérias de filosofia, além de ter avançado de notas ruins para a aprovação nas de matemática e física. Em apenas três meses, deixei de ter o conhecimento matemático de uma aluna de sexta série para o de uma estudante da Ivy League razoavelmente competente (embora ainda precisasse melhorar muito). Lembro-me de chorar de felicidade; sentia que minha vida era um conto de fadas, pois tinha deixado de ser uma criança sem educação formal, pobre e negligenciada e me transformado em uma aluna que entendia antiderivadas e Leis de Newton — tudo isso graças ao próprio esforço.

Infelizmente, a Penn não viu meu progresso da mesma forma. Ao me inscrever nas aulas do segundo semestre, descobri que tinha sido impedida de fazer qualquer matéria de matemática ou física. Confusa, fui procurar o conselheiro acadêmico. "Queremos preparar você para o sucesso e não para o fracasso. Agora, você está fracassando", explicou ele.

Entendi o ponto de vista dele, mas pensei que se eu explicasse a situação como um todo, talvez pudesse receber ajuda. Então contei que estudei sozinha ao longo do ensino médio, visto que não tinha feito nenhum dos pré-requisitos, e continuava a fazê-lo com álgebra, pré-cálculo e trigonometria o semestre inteiro para me atualizar — do meu ponto de vista, tinha sido bem-sucedida. Antes eu não sabia praticamente nada e minhas notas nos trabalhos eram ruins; porém, eu passara nas matérias e realmente entendia o que era ensinado em sala de aula.

Ele retrucou que a minha noção de sucesso não estava correta; na visão da universidade eu havia falhado, e a Penn não gostava de fracassos. Deveria ficar feliz por passar com louvor nas matérias de filosofia e manter esse curso se quisesse ter qualquer esperança de me formar.

Magoada e frustrada, tentei pedir a ajuda de professores e colegas. Fiz um abaixo-assinado, segui todos os trâmites burocráticos e processos à risca, mas não tive sorte. Contudo, eu ainda não estava pronta para desistir.

Enquanto refletia sobre os próximos passos, pensei na história que minha mãe me contara: pouco tempo antes de o meu pai falecer, eles haviam comprado uma casa. Enquanto eu me preparava para a faculdade e tentava mudar de vida, os dois trabalhavam para mudar a sorte deles também, fazendo cursos noturnos em uma faculdade local e trabalhando para bancar a licenciatura, além de darem aulas na escola pública em uma cidadezinha ao sul de Phoenix. A situação financeira da família melhorara da noite para o dia.

Eles fecharam a compra logo depois do estouro da bolha imobiliária. Era uma dessas casas mais novas, construídas em resposta ao aumento no crédito e feitas para serem vendidas àqueles que pegavam um empréstimo muito maior do que poderiam pagar. Depois que meu pai morreu, minha mãe negociou com o banco o refinanciamento da hipoteca, esperando que, com a redução da parcela mensal a ser paga, ela conseguisse ficar com uma parte maior do seu pouco salário. O banco concordou, dizendo a ela que não pagasse a hipoteca enquanto o refinanciamento era calculado e acertado. Ela fez isso, e esperou por mais notícias do banco. Tempos depois, o banco informou que tomaria a casa porque "vocês

A DENÚNCIA

não pagam a hipoteca há meses". Quando ela argumentou que apenas seguira as instruções do próprio banco, disseram que não importava: eles tomariam a casa.

Minha mãe era viúva. Com cinco filhos morando com ela, não estava disposta a perder a casa que comprara com meu pai — não sem lutar. Ela entrou em contato com executivos de banco, estações locais de TV e deputados estaduais, mas ninguém a ajudou. Ela estava prestes a desistir quando decidiu fazer uma última tentativa, e me disse: "É muito louco, mas eu enviei uma carta ao presidente Obama pedindo a ajuda dele. Uma pessoa do governo federal entrou em contato comigo e encontramos um jeito de ficar com a casa." Minha mãe salvou seu lar indo diretamente ao topo. Se eu quisesse salvar minha educação, precisaria fazer o mesmo.

Inspirada pela bravura e persistência da minha mãe, reuni toda a minha coragem e entrei na sala da presidente da universidade, Amy Gutmann, dizendo à secretária:

— Preciso falar com a presidente Gutmann. No discurso da aula inaugural, ela prometeu que a Penn apoiaria nossas buscas intelectuais e ajudaria a realizar nossos sonhos. Preciso que ela cumpra esta promessa.

Eu vi a presidente Gutmann de pé no corredor que leva até o escritório. Ela olhou diretamente para mim.

— Posso falar com ela? Só vai levar um minuto — pedi.

— Não — respondeu a secretária, pegando um pedaço de papel na mesa e escrevendo algo. — Mande um e-mail para ela.

— Muito obrigada. Vou, sim, obrigada mesmo! — respondi, guardando o papel na mochila. Quando voltei a olhar para o escritório da presidente Gutmann, a porta estava fechada.

Naquela noite sentei-me diante do computador — eu já tinha escrito e-mails fervorosos pedindo ajuda antes, mas aquela era a primeira vez que o destinatário seria uma pessoa tão poderosa quanto a presidente da Universidade da Pensilvânia. Havia muito em jogo e ela era a minha última esperança. Sentia-me frustrada ao tentar explicar minha situação; tudo o que eu desejava era uma educação formal, a oportunidade de aprender aquilo pelo que era apaixonada. Mesmo em uma das melhores universidades do mundo, eu estava sendo impedida de estudar. Não era certo e eu não aceitaria aquela situação.

Comecei a mensagem com: "Cara presidente Gutmann, meu nome é Susan Fowler." Mencionei o discurso na aula inaugural e expliquei como ele havia me inspirado, descrevendo a seguir as circunstâncias exasperantes que estava enfrentando e solicitando uma reunião. "Sinto que a universidade falhou comigo", escrevi.

Para minha surpresa, ela respondeu algumas horas depois, prometendo resolver tudo. Jamais a encontrei pessoalmente, mas ela conversou com os reitores da Faculdade de Artes e Ciências e o de aconselhamento estudantil e, finalmente, pude me matricular nas aulas de física e matemática. Eu apostara alto em mim mesma, e convencera a universidade a fazer o mesmo.

Durante o segundo semestre na Penn, comecei a querer mais do que aulas e trabalhos poderiam me ensinar. Se realmente pretendia entender o Universo e algum dia conseguir um ph.D. em Física e ser cientista de verdade, precisava ser uma pesquisadora, em vez de só aprender sobre as descobertas alheias. Pensei nas possíveis áreas de pesquisa dentro da disciplina (astrofísica, física da matéria condensada, física de partículas, cosmologia, física médica e mais), e todas as diferentes interações entre elas.

A astrofísica, que estuda as estrelas, galáxias e outros objetos celestiais, era fascinante, mas não parecia fundamental o bastante. O

A DENÚNCIA

mesmo valia para a cosmologia (o estudo da origem do Universo) e a física da matéria condensada (que estuda as propriedades da matéria). Como acontecia com a filosofia, meu objetivo ao estudar física era entender o Universo e meu lugar nele. Por esse motivo, o ramo que mais me empolgava era a de partículas elementares (os blocos de construção básicos da natureza) e como elas interagem entre si. Ela tem duas vertentes: a teórica diz respeito ao desenvolvimento das teorias sobre partículas fundamentais (como elétrons, fótons e quarks) e a experimental, as testa. O problema: eu queria a primeira, mas não tinha o conhecimento matemático necessário. Então, tive que me contentar com a segunda: a física experimental de partículas.

Um amigo meu chamado Pavel, que também estudava Física e Filosofia, trabalhara com o grupo de física experimental de partículas havia alguns semestres. Com o estímulo dele, me inscrevi para o cargo de assistente de pesquisa. Nunca vou me esquecer de quando entrei no porão do Laboratório David Rittenhouse para fazer a entrevista. Os corredores estavam repletos de pôsteres gigantescos, incluindo uma foto do ATLAS, um imenso detector de partículas no Grande Colisor de Hádrons da Organização Europeia para a Pesquisa Nuclear (físicos de partículas no mundo inteiro o utilizam para procurar o bóson de Higgs e partículas supersimétricas) e um grande desenho mostrando todos os seus componentes elétricos e como eles funcionavam. Coladas com fita adesiva pelas paredes estavam notícias de jornal sobre descobertas famosas, piadas sobre bósons e a teoria das cordas, além de fotografias de professores e alunos de pós-graduação de pé, ao redor de partes do detector de partículas.

Naquela manhã conheci um dos pesquisadores do grupo de física de partículas que liderava muitos dos projetos eletrônicos mais interessantes feitos no ATLAS. Quando ele tentou me explicar alguns, rapidamente eu me perdi; por isso, respondi sinceramente à pergunta se eu tinha experiência com eletrônica: "Não sei nada, mas prometo que aprendo rápido e trabalho com afinco."

49

Minha sinceridade deve tê-lo convencido, porque ele me contratou na hora.

Existem dois tipos diferentes de pesquisa em física de partículas experimental que se relacionam entre si: a instrumentação, que se baseia em hardware, e a análise, que se baseia em software. Primeiro são construídas as máquinas para os experimentos — equipamentos enormes e complicadíssimos, repletos de circuitos complexos e componentes eletrônicos personalizados. Depois, é preciso analisar os dados gerados, o que exige a criação de algoritmos que vasculham terabytes de informações em busca de novas partículas.

Comecei pela instrumentação e o meu primeiro projeto de hardware envolvia testar um conjunto de transistores especiais: o Experimento ATLAS precisava saber se eles poderiam suportar radiação intensa. Por isso, eles eram enviados a vários laboratórios para serem irradiados com prótons. Quando voltavam, eu fazia uma série de testes para determinar se haviam sido danificados e poderiam reparar a si mesmos por meio de um processo conhecido como recozimento. Os pesquisadores do departamento me orientaram ao longo de todo o projeto. Quando o experimento terminou — já sabíamos quais transistores conseguiriam suportar a intensa radiação do detector ATLAS —, o grupo decidiu me manter na equipe.

Depois, projetei os primeiros circuitos elétricos e criei, para o detector de partículas, uma placa de circuitos — cada uma tinha que ser cuidadosamente projetada e instalada, um processo que eu amava por se aproximar dos projetos de arquitetura que eu tanto gostava quando criança. Em cada circuito, precisava decidir para onde iriam os sinais elétricos, o que eles precisavam fazer e o que seria feito deles. Era mais ou menos como projetar um prédio — era a atividade mais divertida desde aqueles dias maravilhosos de preguiça, quando eu criava casas do zero com material de desenho e papel milimetrado.

A DENÚNCIA

Depois de trabalhar na instrumentação por um ano, quis experimentar a análise. O líder do grupo me ofereceu um projeto: reescrever um algoritmo para analisar alguns dados do ATLAS e determinar a porcentagem de elétrons que pareciam fótons em uma das buscas pelo bóson de Higgs. Eu nunca tinha escrito uma linha de código na vida; o começo foi péssimo, mas não desanimei. Sabia por experiência própria que podia aprender qualquer assunto se me esforçasse o suficiente. Comecei a fazer aulas gratuitas de programação à noite, aprendendo primeiro o básico e, depois, os detalhes de Python e C++. Alguns meses depois, entrei em uma busca por partículas supersimétricas no Experimento ATLAS e virei a representante oficial da Penn no grupo. O meu nome até aparecia em alguns artigos publicados.

Enquanto me dividia entre projetos de análise e as aulas, continuei trabalhando com hardware porque me proporcionava muita alegria. Participei de projetos de instrumentação quase todos os dias até sair da Penn, três anos depois. O meu projeto de hardware favorito era uma atualização eletrônica para o Centro Roberts de Terapia de Prótons, onde pacientes com tumores cerebrais inoperáveis — como o que matou meu pai — eram submetidos a um tipo de radioterapia que consistia em um feixe cuidadosamente concentrado de prótons aplicado diretamente no tumor para matá-lo, enquanto o paciente usava um capacete personalizado que impedia que o resto do cérebro fosse irradiado. Projetei e construí uma placa de circuitos que sincronizava toda a parte eletrônica e ajudava o chefe de engenharia elétrica a desenvolver um sistema que monitorava a posição do feixe de prótons em tempo real, garantindo que o feixe estivesse concentrado na massa tumoral.

Enquanto isso, vivia o melhor momento em sala de aula. Os primeiros semestres do curso de física se mostraram difíceis e minhas notas não foram as melhores, mas eu insisti. À medida que aprendi mais matemática, as notas passaram de Ds e Cs para Bs e As. Cursava matérias da graduação em Física, estudando desde relatividade geral e cristais líquidos até mecânica quântica e teoria quântica de campos. Não desperdiçava um momento sequer: quando não estava fazendo minha pesquisa ou terminando os trabalhos para as aulas, estudava assuntos extras como teoria das cordas e supersimetria, além de passar incontáveis horas conversando com os físicos no departamento.

Foi um momento mágico. Eu me sentia no topo do mundo e nunca estive tão feliz. Graças à pesquisa e às aulas, eu finalmente compreendia o funcionamento mais fundamental do Universo do jeito que sempre sonhara. Ao entendê-lo, finalmente senti que havia encontrado o meu lugar no mundo.

Na primavera de 2014, estava a caminho de terminar meu bacharelado em Física e a graduação e o mestrado em Filosofia. Eu não acreditava no quanto progredira. Nos últimos três anos, tinha trabalhado muito e deixado de ser uma estudante que nunca pudera fazer um curso real de ciências para estar no caminho de conseguir um ph.D. em Física e fazer carreira na área. Projetei equipamentos eletrônicos para os detectores ATLAS e CMS e trabalhei em um novo projeto de equipamentos eletrônicos que alimentavam o Centro Roberts de Terapia de Próton no Hospital da Universidade da Pensilvânia, além de ter participado de uma busca pelo bóson de Higgs e dois tipos de partículas supersimétricas no Grande Colisor de Hádrons. Ao me preparar para a inscrição no programa de ph.D., me sentia confiante: tinha boas notas e sabia que não encontraria problema em conseguir ótimas cartas de recomendação de professores no departamento. Estava tão perto do meu sonho que ele já parecia realidade.

Eu não fazia ideia de que tudo estava prestes a desmoronar.

CAPÍTULO **QUATRO**

Ao fim do semestre, um aluno chamado Tim entrou para o departamento. Ele parecia ter problemas para fazer amizades, então tentei ajudá-lo a entrar para a equipe. Fora excluída durante boa parte da vida e, agora que era uma integrante valorizada do meu grupo de pesquisa e me sentia acolhida, queria auxiliar outros que pareciam estar em situação difícil. Tentei ser amiga de Tim. Sempre que ele ficava de fora das conversas, eu buscava um jeito de encaixá-lo. Mesmo trabalhando em um projeto ou um experimento diferente, sempre que ele tinha dificuldades com o código eu o convidava para se juntar a mim e aos outros alunos no laboratório.

Uma noite, após semanas de conversas ocasionais, Tim me mandou uma foto pelo celular. Na imagem, um dos braços aparecia sangrando após um corte feito por ele. Horrorizada, fui à casa dele, a poucas ruas do meu apartamento. Incentivei-o a procurar ajuda, dei o número de telefone de emergência do aconselhamento estudantil e me ofereci para acompanhá-lo até lá. Ele recusou minha oferta e disse que não precisava de ajuda profissional.

SUSAN J. FOWLER

Depois disso, precisava ser cuidadosa quando estava perto de Tim; a situação só piorava. Era evidente que ele estava abalado mentalmente. Muitas situações pareciam fazê-lo explodir, se ferir ou ameaçar fazer isso. Quando ele começou a falar em suicídio, procurei o conselheiro dele, um professor do departamento, para explicar que Tim passava por uma crise mental grave; as ameaças de suicídio e de se ferir eram cada vez mais frequentes e ele se recusava a ir ao centro de aconselhamento. Eu tinha medo de que ele se matasse e não sabia o que fazer.

Inicialmente, quando conversamos sobre o problema ao telefone, o conselheiro de Tim concordou que ele precisava de ajuda profissional e isso estava muito além da minha capacidade. Assim que desliguei, senti-me aliviada: a universidade faria algo. Mas depois, naquele mesmo dia, o conselheiro de Tim me pediu para encontrá-lo junto com o chefe do departamento. O objetivo era ajudar Tim, mas eles temiam que, se soubesse que eu havia mencionado a crise pela qual estava passando, acabaria ferindo a si mesmo ou outra pessoa. Na visão deles, eu deveria ser responsável por Tim e persuadi-lo a ir ao centro de aconselhamento (mesmo se precisasse arrastá-lo até lá). Além disso, teria que fornecer atualizações diárias sobre seu estado de saúde mental ao conselheiro, suspender todas as minhas atividades e me concentrar em "ajudar" o colega.

"Esse é o seu trabalho agora", disse o conselheiro de Tim.

Fiquei estarrecida. Eles estavam colocando nós dois — Tim e eu — em uma posição vulnerável. Se eu seguisse o plano, teria que passar sabe lá Deus quantos meses tentando garantir que um colega não se ferisse ou tirasse a própria vida, o que não era justo nem comigo, nem com Tim. Sem ajuda profissional, ele poderia se matar. Seguir o plano deles também significaria usar o tempo que eu normalmente reservava para as aulas, pesquisas importantes e estudar para a prova de admissão do mestrado para ajudar Tim.

A DENÚNCIA

Se eu não fizesse a vontade deles, porém, imaginei que poderia prejudicar minha carreira acadêmica. Afinal, precisava de cartas de recomendação de professores e, sem elas, eu sabia que jamais alcançaria um ph.D. em Física.

Disse a eles que eu não tinha nada a ver com isso; Tim precisava de ajuda especializada. Tentei consegui-la, mas ele recusou. Nessa hora, o conselheiro de Tim e o chefe do departamento ligaram para um número na Filadélfia. A pessoa do outro lado da linha perguntou se eu estava disposta a testemunhar afirmando que meu colega estava mentalmente instável. Tim seria então levado para uma instituição psiquiátrica — isso me deixou amedrontada e confusa, pois acreditava que interná-lo à sua revelia não era uma escolha que eu deveria fazer. Era algo que apenas Tim ou um psiquiatra deveria decidir. Recusei-me a fazer qualquer afirmação e a pessoa do outro lado da linha desligou. A mensagem que o conselheiro de Tim e o chefe do departamento mandaram era nítida: *Até a cidade da Filadélfia acredita que você é responsável por Tim.*

Eles me deram alguns minutos para tomar uma decisão — mas o que eu precisava pensar estava longe de ser uma escolha. A escola não ajudaria Tim e o meu futuro estava em jogo. O que eu deveria fazer? Que opção eu tinha? Eu me formaria no fim do ano e, com sorte, apenas um ano me separava da minha pós-graduação. Não havia como eu arriscar meu futuro desafiando os professores no laboratório e o chefe do departamento.

Decidi seguir o plano deles, esperando que, ao ajudar Tim, tudo fosse melhorar. Eu o acompanhava ao centro de aconselhamento, informava o conselheiro e outros professores do departamento sobre seu estado de saúde mental e deixei de lado boa parte da minha vida acadêmica. Infelizmente, a situação só piorou. Nos meses seguintes, Tim continuou ameaçando se ferir e se matar — quando as pessoas do departamento faziam uma piada, ele não conseguia nota máxima no trabalho ou pensava que eu o estava ignorando. Eu pedia às pessoas do departamento para não mencionar meu nome ou brincar com ele, pois tudo levava a mais ameaças de suicídio ou autoflagelação. Também implorei ao conselheiro de Tim e a outros professores do departamento para me deixar sair daquela situação, sem sucesso.

Uma noite, Tim disse que estava apaixonado por mim e perguntou se eu sentia o mesmo por ele. Quando respondi que não era recíproco, ele disse que ia se matar. A ameaça parecia tão real que chamei a polícia e avisei ao conselheiro de Tim. Expliquei que não queria mais estar envolvida naquela situação.

Tim teve alta do hospital na manhã seguinte; os médicos julgaram que a ameaça não era, afinal, real — ele não era um risco para si e para os outros. Tim me perguntou se eu poderia ir à casa dele, pois não desejava ficar sozinho. Eu não queria ir, ainda mais depois do que acontecera. Estava com medo de ficar perto dele — de ficar sozinha com ele. Mandei uma mensagem para o conselheiro: "Sei que essa situação tem a ver comigo, mas estou exausta. É difícil demais ter que ser amiga íntima de um colega/integrante do grupo de pesquisa só para garantir que ele não se mate." O conselheiro insistiu que eu fosse até lá ver como Tim estava. Concordei, mas disse que aquela seria a última vez. Eu estava esgotada, não aguentava mais. Já não me importava se os professores do departamento escreveriam ou não as cartas de recomendação. Àquela altura, era a minha sanidade que estava em jogo. Tim acabou repetindo o que dissera na noite anterior, contando que estava apaixonado por mim e que queria se matar porque eu não sentia o mesmo por ele.

Eu estava uma pilha de nervos, com medo de trabalhar, estudar, de ficar sozinha com ele ou mesmo próxima. Também evitava meus professores do departamento de Física, porque sabia que eles estavam com raiva de mim. O conselheiro de Tim e o chefe

A DENÚNCIA

do departamento contaram a outras pessoas sobre a situação. Procurei aqueles a quem planejava pedir cartas de recomendação e fui repreendida por me envolver naquilo tudo. Eu sentia que estava enlouquecendo porque nada fazia sentido. Por que estavam aborrecidos comigo? O que eu fizera de errado?

Enquanto isso, a situação com Tim só piorava. Quando pedi ajuda aos professores, alegando que não me sentia segura perto dele, o chefe do departamento de graduação de Física reiterou que eu era responsável, não o departamento. Em resposta a isso, mandei um e-mail aos professores envolvidos, resumindo todos os acontecimentos dos últimos meses: "Pessoal, esta situação é muito confusa. Fui obrigada a me responsabilizar pela *minha* segurança. Já reorganizei toda a minha vida para atender à solicitação do departamento, que era ser responsável pelos problemas de saúde mental de Tim." Então perguntei diretamente: "Alguém pode me explicar por que isso ainda é minha responsabilidade?"

O chefe da graduação respondeu: "O departamento só pode atuar em questões acadêmicas e relacionadas à capacidade de os alunos terminarem o curso. Não somos profissionais de saúde ou agentes de segurança pública, portanto não é nossa função lidar com esses problemas."

A situação se arrastou até o verão. Mais uma vez, implorei ao conselheiro de Tim para sair daquela situação e propus mandar um e-mail a Tim explicando tudo. Na mensagem, diria que ele precisava parar de se apoiar em mim, e confiar nos serviços de aconselhamento da universidade para lidar com seus problemas de saúde mental. (Por temer a reação que ele teria, achei mais seguro escrever do que falar pessoalmente.)

Mandei um rascunho ao conselheiro e perguntei se ele poderia enviar a mensagem a Tim. "Isso está me esgotando emocionalmente. Não sei quanto tempo posso continuar lidando com isso", escrevi. Eu só queria mandar o e-mail e acabar com tudo. O conselheiro sugeriu algumas mudanças no texto. Mandei a nova versão, mas ele me pediu para que esperasse antes de enviar a versão final.

Em seguida, me encaminhou ao Centro de Mulheres da Penn, onde me informaram (visivelmente já tinham sido informadas sobre a situação pelo conselheiro) que a faculdade gostaria de me ajudar, mas precisavam priorizar a ajuda para "este jovem". Outra aluna da Penn havia se matado no início daquele ano, uma jovem estrela do atletismo chamada Madison Holleran, e a faculdade não queria outro suicídio. Segundo o que me disseram, a Penn faria todo o necessário para evitar que Tim se matasse. Como a minha presença no laboratório e nas aulas o perturbava, ofereceram uma "solução" em duas partes: eles me mandariam para outro grupo de pesquisa e me proibiriam de fazer qualquer matéria que Tim frequentasse. Fiquei estarrecida. Se eu trocasse de grupo, precisaria abandonar a pesquisa que vinha desenvolvendo nos últimos dois anos e meio, essencial para minha pós-graduação. E se eu não pudesse frequentar as matérias de física em questão, minha candidatura ao doutorado não faria muito sentido. Talvez eu nem conseguisse me formar.

Levei o problema à reitora responsável pela pós-graduação. Eu já tinha me reunido com ela no início do ano, quando descobri que o departamento de Filosofia da Penn não enviara a documentação para o meu mestrado. Na época, a reitora garantiu que acompanharia o processo com o departamento de Filosofia, prometendo que eu receberia o diploma ao me formar. Quando a procurei para conversar sobre a situação com Tim, ela pareceu surpresa e escreveu um e-mail se dizendo "profundamente preocupada com o que estava acontecendo e a forma pela qual a situação está sendo tratada". Ela também alegou que eu deveria "fazer uma queixa formal contra o aluno, entregá-la na divisão de pós-graduação e continuaremos a partir daí".

A DENÚNCIA

No fim de julho, nos encontramos no escritório dela e a reitora pareceu entender a questão, dizendo:

— Se eu estivesse no seu lugar, processaria a faculdade. É o que você quer fazer?

Neguei veementemente.

— Não quero processo algum. Só quero me formar e fazer minha pós-graduação.

Disse que gostaria de fazer duas queixas: uma contra Tim, por ameaçar se matar se eu não correspondesse à paixão dele, e outra contra a faculdade, por retaliação, depois de eu ter relatado o assédio, ao me proibir de frequentar aulas e tentar me tirar do laboratório de pesquisa. A reitora insistiu que todas as queixas precisavam ser feitas por ela e perguntou se eu queria levar adiante a denúncia contra Tim. Disse que sim; ela confirmou que faria isso.

A conversa passou para o meu mestrado em Filosofia. Antes de finalizar a reunião, a reitora garantiu que eu poderia frequentar as aulas que precisava e continuar trabalhando no departamento de Física sem "ser responsável" por Tim. Ela também prometeu que faria com que o mau comportamento dele acabasse e garantiu que eu me formaria.

Quando me levantei para ir embora, ela ficou entre mim e a porta e disse:

— Tem certeza de que você quer fazer uma queixa contra a universidade? Tem certeza mesmo?

Fiquei confusa e sem saber por que ela disse aquilo depois de toda a conversa que acabáramos de ter, durante a qual eu deixara minhas intenções explícitas. Assenti. Ela disse que se informaria sobre os detalhes de como fazer uma queixa formal contra a universidade e abriu a porta para que eu saísse do escritório.

Fui ingênua em acreditar na reitora quando ela se ofereceu para fazer as denúncias. Na verdade, como a queixa tinha a ver com discriminação baseada em gênero, ela também deveria ser encaminhada para o Ministério de Educação dos Estados Unidos. Ela nunca registrou a queixa e, em vez de me ajudar, gerou mais retaliações contra mim. A reitora cancelou minha candidatura ao mestrado em Filosofia, alegando que eu escondera informações dela e citou e-mails sobre o mestrado que eu "não incluíra" na documentação para a investigação. Na mensagem sobre a situação, ela confirmou não ter feito as queixas sobre as quais conversamos e nem faria, e disse: "Espero que você possa usar esta experiência como incentivo para continuar trabalhando e seguir em frente."

Fiquei em estado de choque. Por que ela cancelara minha candidatura ao mestrado quando tinha prometido que a registraria? E o que o mestrado tinha a ver com Tim? Em resposta, escrevi que os e-mails supostamente ocultados "foram enviados e discutidos minuciosamente em nossa primeira reunião".

Ela não retrucou, dizendo apenas que não iria mais discutir a situação comigo: "Quando disse que o caso estava encerrado, era de uma vez por todas", respondeu.

Aquilo não fazia o menor sentido. A reitora alegava que a universidade não daria a vaga de mestrado que eu tinha conquistado (a um custo de milhares de dólares em empréstimos estudantis que precisariam ser pagos pelos dez anos seguintes) e o motivo para isso não tinha a menor lógica. Além disso, ela não tinha formalizado as queixas como prometera. Eu me lembrei do jeito como ela me encurralara na sala depois da nossa reunião, me perguntando se eu *tinha certeza* de que desejava fazer uma queixa contra a Penn; me perguntei se ela me negara o mestrado por eu tentar denunciar a universidade. Ainda meio zonza, fui ao conselheiro de Tim e perguntei por que a reitora fizera aquilo e a resposta confirmou minhas suspeitas. Segundo ele, a faculdade tinha provas de que eu havia mentido sobre minha relação com Tim. Eu disse que não estava em um relacionamento amoroso com ele, mas ele havia fornecido

A DENUNCIA

provas de que isso era mentira. Quando perguntei que "provas" seriam aquelas, a universidade obviamente se recusou a mostrá-las.

Em seguida, procurei a sala do vice-superintendente, onde me reuni com uma mulher que disse "representar o superintendente". Quando expliquei a situação e pedi que fosse formalizada uma queixa contra o aluno e a universidade, ela afirmou que isso não seria possível. Como eu era funcionária estudantil e não uma "funcionária de verdade", não poderia fazer *qualquer* reclamação sobre assédio, discriminação ou retaliação. Além disso, a mulher disse que, embora "funcionários de verdade" estivessem protegidos pela lei trabalhista federal contra assédio, discriminação e retaliação, não havia leis que protegessem estudantes. Segundo ela, havia "chances de aprendizado" e uma aluna na minha posição deveria analisar a situação daquela forma. Segundo ela, Tim, o conselheiro dele, o departamento de Física e a equipe administrativa da Penn também viam aquilo como uma "oportunidade de aprendizado". A faculdade havia emitido ordens me impedindo de entrar em contato com Tim ou me aproximar dele e vice-versa. Isso seria o bastante para me proteger, disse ela com um ar confiante.

Quando perguntei como eu poderia agir caso Tim entrasse em contato comigo apesar da ordem para não fazê-lo, ela respondeu que eu não poderia fazer nada.

— Posso ir à polícia?

— Sim — respondeu ela, hesitante, antes de recomendar que eu fosse à Promotoria Pública do Distrito da Filadélfia, já que a polícia não levaria minha queixa a sério.

— Tudo bem, então é isso que vou fazer — respondi. Mas eu sabia por experiência própria que não precisaria tomar medidas tão radicais, pois a polícia local lidaria com a situação de modo bem diferente da administração da Penn. Nessa mesma época, um médico que tinha sido demitido há pouco tempo do serviço de saúde estudantil da universidade começara a me mandar mensagens sexualmente explícitas nas redes sociais. Nem me dei ao trabalho de pedir ajuda à administração da Penn, pois tinha um medo justificado de que eles tentassem, de alguma forma, jogar a culpa em mim, mesmo que eu obviamente não fosse culpada; fui direto à polícia. Na delegacia, falei com dois investigadores que se responsabilizaram por lidar com a situação e, se necessário, me ajudariam a conseguir uma ordem de restrição. Depois eles procuraram o médico, e este nunca mais entrou em contato comigo.

Após a reunião na sala do vice-superintendente, fiz algumas pesquisas sobre os mecanismos que existiam para proteger alunos daquele tipo de abuso. Passei horas lendo estatutos, principalmente o Título IX, sobre o qual eu sabia apenas os fatos mais básicos: é uma lei federal de direitos civis criada para proteger alunos da discriminação baseada em gênero. Quanto mais me aprofundava, mais me dava conta da loucura da situação como um todo. Percebi que a Penn havia me manipulado o tempo inteiro. *Era óbvio* que havia leis para me proteger do tratamento que estava recebendo. A Penn só não desejava que eu soubesse da existência delas. Naquela noite, eu ri até ficar com lágrimas nos olhos. Ri de mim mesma por acreditar na reitora de pós-graduação quando ela disse que faria a queixa em meu nome, e na pessoa do escritório do vice-superintendente que me dissera que eu não tinha a quem recorrer.

No dia seguinte, compartilhei, de forma privada, um texto na minha conta do Facebook sobre leis que protegem alunos de assédio sexual e discriminação, sem citar a Penn. Logo depois de ter feito isso, a representante do superintendente ligou para o meu celular e me repreendeu por falar do Título IX e de proteções estudantis, gritando: "Haverá consequências em relação a isso!"

Imediatamente após ela desligar, sentei-me diante do computador, resumi o incidente em um e-mail e o mandei para a mulher que

A DENÚNCIA

acabara de gritar comigo ao telefone. Na mensagem, eu considerava o incidente "inadequado e inaceitável (...). Você disse que viu a postagem no Facebook e começou a me criticar (...) e até considerou adequado ler uma postagem privada e me repreender em relação a ela. Tudo isso é muito perturbador". Dei a ela a oportunidade de corrigir qualquer mal-entendido em relação ao incidente, mas, na resposta, ela não discordou dos meus comentários, e disse que eu sempre "poderia fazer uma queixa/reclamação" sobre o problema no escritório dela.

Horrorizada, entrei em contato com a seção regional da Ordem dos Advogados, que me encaminhou a especialistas em direitos civis. Conversei com vários e todos me deram o mesmo conselho: coloque tudo em um e–mail, documente tudo e tenha cópias de toda essa documentação porque você vai precisar comprovar tudo *por escrito*. Jamais use a conta disponibilizada pela universidade para falar sobre o caso porque a Penn tem acesso ao seu endereço e vai ler tudo. E o mais importante: *Não processe a universidade*. Um advogado comentou: "Você tem um ótimo caso contra a Penn, mas acredite quando digo que é melhor *não* processá-los sendo tão jovem, com a vida toda pela frente. Você vai ficar enrolada nesse processo pelos próximos dois a cinco anos e garanto que não vale a pena."

Aceitei o conselho dos advogados e decidi seguir a vida. Mas, antes, documentei tudo cuidadosamente, salvei cada e-mail, registro de ligação e mensagem de texto. Havia uma parte de mim que se perguntava se eu mudaria de ideia em relação a processá-los no futuro. E outra parte pensava que eu gostaria de escrever sobre isso algum dia. Fiquei magoada quando percebi que seguir em frente significava abrir mão do meu sonho. Os professores com quem eu contava para escrever cartas de recomendação agora se recusavam a falar comigo por conta do problema com Tim e, sem essas cartas, eu sabia que jamais seria aceita em um programa de ph.D. em Física. Então, joguei no lixo a intenção de avançar na carreira acadêmica e, consequentemente, a esperança de ser física.

Nos anos seguintes, tornei-me muito mais consciente do peso dessa decisão. Muitas vezes, me arrependi profundamente de ter me afastado da universidade naquela situação. Tinha trabalhado tanto para chegar lá e era muito boa no que fazia, mas deixei que tirassem tudo de mim sem lutar. Pior ainda: sentia uma culpa imensa por saber que cometera um erro. Seguir o plano deles era objetivamente errado, tanto para mim quanto para Tim por vários motivos, e eu *sabia* disso. Cedi porque estava com medo, mas meu coração sabia que o medo não me absolvia da responsabilidade moral.

Quando reflito sobre o que aconteceu, vejo dois caminhos diferentes que poderia ter tomado. Se eu tivesse cedido às táticas de intimidação da Penn no início do processo, talvez pudesse ter evitado a retaliação deles contra mim. Poderia ter aceitado trocar de grupo de pesquisa naquele semestre fatídico para evitar interagir com Tim, como eles queriam, e concordado em não assistir às mesmas aulas que ele. Se tivesse feito tudo isso, talvez agora eu estivesse na Caltech, na Cornell ou na Universidade do Arizona, fazendo meu ph.D. em Física. Esse cenário produziria o resultado que eu desejava, mas ainda teria cometido um erro.

Ou eu poderia ter feito o oposto e não ter deixado que eles me intimidassem desde o início. Poderia ter me recusado a ceder e lutado. No momento em que eles começaram a retaliar por não seguir o plano deles, eu poderia ter contratado um advogado ou ido à imprensa e contado minha história para o mundo. Olhando para trás, acredito que essa era objetivamente a atitude certa a tomar — e gostaria de todo o coração que tivesse feito isso.

A DENÚNCIA

Desde que saí da Penn, encontrei muitas mulheres que passaram por experiências similares e receberam o mesmo tratamento péssimo em departamentos acadêmicos. Nem todas eram da física e nem todas as histórias envolviam assédio por parte de um colega e aluno, mas todas sofreram retaliações cruéis e irracionais por parte da universidade — que não sofreu consequência alguma. Até hoje, sinto uma pontada de culpa na consciência sempre que ouço essas histórias. Eu me pergunto o que teria acontecido se tivesse enfrentado a Penn no tribunal e levado minha história a público. Poderia ter ajudado a mudar a forma terrível com a qual algumas instituições de ensino silenciam suas alunas? Será que contar minha história teria melhorado a vida e a carreira de mulheres ao redor do mundo? Nunca vou saber. Tudo o que sei é que não agi por medo. Não fiz o que sabia ser o certo porque estava apavorada. E jurei que nunca mais cometeria o mesmo erro.

Até tudo desmoronar, eu tinha certeza de que conseguiria um ph.D. em Física e viraria uma cientista, mas sem as cartas de recomendação necessárias, a pós-graduação estava fora de cogitação. Lecionar filosofia em uma universidade local ou uma pequena faculdade voltada para a área de humanas era o meu plano B, mas sem o mestrado em Filosofia, essa porta também estava fechada. Para minha total surpresa, eu estava na mesma posição de muitos dos meus colegas: prestes a me formar e sem saber o que fazer.

Tinha voltado à estaca zero: não tinha emprego, carreira e nenhuma ideia do que fazer com a minha vida. Encontrava-me do mesmo jeito que me sentia na adolescência em Yarnell: sem qualquer rumo e totalmente sozinha. Na história da minha vida, mais uma vez eu era objeto em vez de sujeito.

Para me consolar, lembrava o mesmo que costumava dizer a mim mesma quando era criança e estava deprimida: ia *ser* e fazer algo grande; não ia me contentar com menos que isso. Sabia que precisava assumir o controle da minha vida e encontrar um emprego depois de me formar. Não precisava ser aquele dos meus sonhos ou minha vocação — bastava ser a próxima etapa da minha vida. Eu estava sobrecarregada e não fazia ideia do tipo de vaga a qual deveria me candidatar, então lembrei que não estava entrando no processo de mãos vazias: eu tinha o diploma em Física de uma universidade de prestígio. Sabia programar e construí dispositivos eletrônicos para detectores de partículas. Repeti isso para mim mesma diversas vezes, esperando e rezando para ter uma resposta — até que me dei conta: *eu sabia programar.*

A resposta estava na minha cara havia meses, se não anos. Durante o período em que estudei na Penn, vi muitos colegas da graduação em Física e Filosofia serem entrevistados por empresas como Facebook e Google, conseguirem estágios em engenharia de software em São Francisco no verão e se gabar das ofertas de emprego que pagavam muito bem, feitas por empresas como Palantir e Microsoft. Quase todos os estudantes de pós-graduação no meu laboratório levaram seus diplomas de ph.D. ou de pós-doutorado para Nova York e São Francisco para trabalhar como cientistas de dados, engenheiros de software e gerentes de produto. Sair da física para a indústria de tecnologia não era um salto tão grande. Física é uma ciência exata e os alunos desse curso se sentiam confortáveis com a matemática e a ciência da computação.

Imaginei que sair da física para a engenharia de software não seria tão difícil para mim. Como eu já sabia programar, o único assunto que precisava aprender a fim de me qualificar para um emprego era o básico da ciência da computação. Pensei em reservar alguns meses depois da formatura e voltar a morar com minha família no Arizona enquanto me preparava para entrevistas, mas percebi que não tinha tempo: eu estava sem dinheiro e tinha contas a pagar.

A DENÚNCIA

Por isso, decidi entrar no mercado logo de cara e aprender o restante ao longo do processo. Eu ia me formar em dezembro de 2014 e precisava de um emprego entre um a dois meses depois de receber meu diploma. Por isso, enquanto terminava as últimas matérias na Penn, me envolvi no circuito das entrevistas de emprego. Eu estava agradecida pelo caos, pois isso me distraía da dor que sentia por perder meu futuro na Física e na Filosofia. O Facebook me pagou jantar com vinho e fiz todas as rodadas de entrevistas técnicas da Google, aprendendo o básico sobre as empresas de tecnologia e conhecendo os cargos da engenharia de software ao longo do processo.

Não levei muito tempo para descobrir que não me daria bem em uma empresa grande como Facebook ou Google, ou antiga e tradicional como IBM ou Goldman Sachs, onde eu não teria muita responsabilidade ou autonomia. Eu tivera controle total do meu dia a dia na pesquisa e no trabalho durante os últimos três anos e não queria perder isso. Desde o momento em que ouvi falar de startups, eu sabia que gostaria de trabalhar em uma empresa do tipo. Em 2014, elas estavam construindo a reputação de abalar positivamente o mercado com soluções inovadoras e trabalho com mais afinco e inteligência do que as empresas estabelecidas, além de serem diferentes.

Quando comecei a procurar vagas em startups, não me decepcionei: a cada empresa eu fazia pelo menos uma entrevista com os fundadores e amava ouvir a paixão deles ao falar do trabalho e da empresa que estavam construindo. Minha favorita foi uma entrevista por telefone com Chad Rigetti, CEO e fundador da startup de computação quântica Rigetti Quantum Computing, que ficava em Berkeley, Califórnia, e tinha apenas três funcionários. Chad era um físico e construía computadores que usavam o poder da mecânica quântica. Na época, a computação quântica ainda era um campo amplamente teórico e acadêmico. A maioria das pessoas (incluindo o pessoal da Penn) não acreditava que a proposta de Chad era possível: máquinas desse tipo para uso comercial. Contudo, ele fundou uma empresa cuja missão era construir os computadores mais poderosos do mundo. Eu não podia acreditar que havia oportunidades para resolver esse tipo de problema científico fora da academia, e a empresa trabalhava em um dos desafios mais difíceis para a ciência e engenharia. Fiquei fascinada.

Queria muito o emprego na Rigetti Quantum Computing. Parecia perfeito para mim, mas, para minha tristeza, a empresa não marcou uma segunda entrevista. Eu estava certa de que tinha acontecido um mal-entendido porque a conversa com Chad fora ótima. Depois de algumas semanas, desisti e procurei outras opções.

Alguns dias antes do Natal, peguei um avião para a Califórnia a fim de fazer a entrevista final com outra empresa na Bay Area, em São Francisco: uma startup de tecnologia financeira com 12 funcionários chamada Plaid. Consegui o emprego.

Mesmo tendo gostado da empresa e sabendo que deveria aceitar a oferta, parte de mim hesitou até o último minuto. Eu não tinha pensado muito na perspectiva de ser engenheira de software. Precisava desesperadamente de um emprego após a formatura, e aquela parecia ser a única opção viável. Questionei a mim mesma se estaria cometendo um erro imenso. Embora sonhasse em ser violinista, arquiteta, escritora, física e filósofa, nunca senti que a engenharia de software fosse minha vocação. E não acreditava que ela me levaria a grandes conquistas ou a *ser* grande. Aceitando o emprego, temia abrir mão dos sonhos de escrever, projetar casas, descobrir a natureza do Universo e aprender a ter uma vida significativa.

Enquanto cogitava a oferta, refleti sobre a vida do meu pai, que nunca realizou seus sonhos profissionais ou fez tudo o que era capaz de fazer. Ele trabalhou a vida inteira em empregos que não amava

A DENÚNCIA

somente para sustentar a família, mas a vida dele fora maravilhosa, preciosa, repleta de amor e alegria. Naquele instante, me ocorreu o pensamento de que, se eu pudesse encontrar um jeito de ter uma vida parecida e encontrar amor e alegria apesar de tudo, ainda experimentaria uma época bem espetacular aqui na Terra. E talvez eu encontrasse algo maior em São Francisco, quem sabe os meus sonhos mais loucos não se realizariam?

Criei coragem e aceitei o emprego; foi o bastante para que eu começasse a me empolgar. Estava determinada a me divertir e encontrar alegria em minha nova vida, mesmo se não fosse exatamente o que eu planejara.

Dizer adeus à Penn foi uma sensação agridoce. Senti-me profundamente triste ao andar pelos corredores do Laboratório David Rittenhouse pela última vez e me despedir dos professores, pesquisadores, alunos de graduação e pós-graduação que mudaram minha vida. Fiz o máximo para não deixar as experiências ruins ofuscarem as boas, porque inúmeros momentos bons aconteceram naqueles corredores, onde corri atrás de Ed Witten para perguntar sobre a simetria B-L e o decaimento de prótons e passei a caminho das salas dos meus professores favoritos, que pacientemente conversavam comigo por horas a fio, explicando a teoria quântica de campos, supersimetria e cosmologia até eu finalmente as entender. Os mesmos corredores nos quais eu corria após fazer uma descoberta importante para dividir com minha equipe de pesquisa. Eu amava aquele prédio, tudo o que havia aprendido ali, a física e, meu Deus, como eu amava o Universo! Mais do que tudo, eu amava profundamente as pessoas que me ensinaram tudo o que eu sabia sobre física e matemática. Sentiria muita saudade deles e sempre seria profundamente agradecida por tudo o que eles me deram.

Quando passei pela porta lateral do laboratório pela última vez, me dei conta de que a Penn tinha me roubado mais do que um diploma e o meu futuro na Física e Filosofia. O mais cruel que a escola fez foi associar o meu nome a medo, processos e assédio na mente das pessoas que, antes do incidente com Tim, haviam sido mentores, professores e amigos. Depois de tudo o que acontecera naquele verão, muitos que adoravam falar comigo sobre física passaram a me evitar — as mesmas pessoas que abriam as portas para mim agora me ignoravam. Elas tinham medo de mim em particular e da situação como um todo. Eu não era mais Susan, a estudante que eles amavam ensinar, a garota estranha que costumava pegar livros emprestados, a jovem física inexperiente e empolgada que sentava na sala deles e conversava por horas sobre cordas cósmicas, gravitação quântica em laço e teoria das perturbações. Eu me transformara em um risco a ser evitado. Não os culpava. Era fácil imaginar como todos ficaram apavorados com a ideia de enfrentar uma queixa de assédio, e acho que eles nem sabiam como lidar com algo do tipo: só queriam trabalhar e estudar física. Gostaria de dizer a eles que eu entendia, pois também não desejava lidar com aquilo e só queria estudar física. Aquela foi a sensação mais avassaladora do mundo.

Eu estava feliz por deixar tudo para trás.

No último dia de janeiro, depois de passar algumas semanas em casa com a família, coloquei todos os pertences no meu novo jipe e dirigi da casa da minha mãe em Wickenburg, Arizona, até São Francisco, onde o emprego de engenheira de plataforma na Plaid esperava por mim.

CAPÍTULO **CINCO**

Olhando para trás, posso dizer que trabalhar na Plaid foi um rito de iniciação para o trabalho no Vale do Silício. A Plaid era na época uma pequena empresa de tecnologia que representava o estereótipo da startup em todos os aspectos, do tipo que é metade empresa, metade fraternidade imortalizada no seriado *Silicon Valley*. Zach e William, seus fundadores, estavam na casa dos 20 anos, eram de famílias abastadas e criaram o software que agregava dados financeiros depois de se formarem na faculdade. Eles inscreveram o aplicativo na famosa competição TechCrunch Disrupt e venceram. Quando entrei para a empresa, ela tinha acabado de conseguir um financiamento. Eu e outra mulher fomos a 13ª e a 14ª funcionárias contratadas.

Quando comecei no escritório, já no primeiro dia, senti que participava de algo especial e divertido. Era uma empresa minúscula e todos os novos colegas, que tinham mais ou menos a mesma idade que eu, pareciam sinceramente empolgados com o trabalho. O escritório era o melhor que eu já tinha visto, ocupando um belo andar de um prédio antigo no coração do distrito financeiro de São Francisco, com duas fileiras duplas de mesas de madeira de design exclusivo de um lado e uma mesa de bilhar do outro. Nunca vou esquecer a maneira como me senti naquele momento. *Isso vai ser muito empolgante*, pensei. Eu não fazia ideia da loucura que seria.

Todos saíram para beber aquela noite a fim de dar as boas-vindas às duas novas funcionárias: eu e a nova gerente administrativa, Heidi. Éramos as únicas mulheres na empresa (como descobri depois, eles nos deixaram começar no mesmo dia para não nos sentirmos "solitárias") e eu, a única em cargo técnico (a outra mulher da área técnica, uma cientista de dados, morava e trabalhava em Boston). Isso, porém, não parecia estranho ou incomum para mim. Na Penn, eu era a única mulher no andar onde ficava o meu setor no Laboratório David Rittenhouse e havia apenas banheiros masculinos no andar onde eu trabalhava.

Quando o happy hour acabou, todo mundo ficou na frente do bar enquanto cada pessoa chamava um Uber para casa. O CEO da Plaid me ajudou a criar uma conta no aplicativo e me ensinou a pedir um carro.

Eu só tinha andado de Uber uma vez, na noite do Dia das Bruxas, alguns meses antes. Vestida de Princesa Leia, eu com meu amigo Matt e seu colega de apartamento, Andrew, tínhamos passado a noite peregrinando de bar em bar pela Filadélfia. O último da nossa lista tinha acabado de fechar; o apartamento de Matt e Andrew ficava a alguns quilômetros dali e, sentindo o ar frio de outubro, procurávamos um táxi fazia quase meia hora, sem sucesso. Estávamos prestes a desistir e fazer a longa caminhada de volta ao apartamento, quando avistei um táxi amarelo dobrar a esquina à nossa frente. Corri até ele, com meu vestido branco de Princesa Leia e os braços agitando-se loucamente, esperando que minha peruca se mantivesse no lugar, mesmo depois de horas dançando.

A DENÚNCIA

O táxi não diminuiu a marcha; quando passou por nós, pude ver um passageiro no banco de trás.

Quando voltei, vi os dois olhando a tela do celular de Matt, que disse empolgado:

— Estamos pedindo um Uber.

Ele explicou que Uber era um aplicativo para chamar um táxi que não era bem o tradicional carro amarelo, e sim um carro comum dirigido por uma pessoa comum, e não um motorista profissional.

Em poucos minutos, um carro cinza encostou no meio-fio e nos espremomos nele. Puxando a manga da fantasia de peregrino de Matt, perguntei:

— Ei, como é o nome disso mesmo?

— Uber! — gritou ele. Tentei me lembrar, feliz por ter uma opção que parecia melhor do que os imprevisíveis (e às vezes assustadores) táxis amarelos da Filadélfia, mas tinha esquecido completamente o nome do aplicativo até aquela noite em São Francisco, ao fim do meu primeiro dia como engenheira de software profissional. Peguei o primeiro UberX sozinha naquela noite, atravessando a ponte entre São Francisco e a vizinha Oakland, rumo ao Airbnb onde estava morando temporariamente até encontrar um apartamento.

Apesar de não estar em São Francisco, me diverti pegando o sistema de trens rápidos para trabalhar na cidade todas as manhãs. O clima era ótimo e parecia haver muita gente interessante fazendo atividades surpreendentes por toda a parte. Eu fazia longas viagens de carro, conhecendo o belo litoral, e até mesmo algumas aulas de voo, sobrevoando a baía a bordo de um pequeno avião e olhando para o vasto Oceano Pacífico no horizonte. Amava o meu trabalho consertando erros e lidando com clientes como Venmo, Coinbase e Robinhood para resolver problemas nas integrações com o Plaid; me dei bem com meus colegas e sempre nos divertíamos muito criando softwares, comendo, jogando bilhar e cartas e saindo para beber juntos. Em pouco tempo, eles viraram meus melhores amigos.

O trabalho era difícil e tomava quase todo o meu tempo: de 12 a 14 horas por dia (até nos fins de semana). No começo, eu não me importava; afinal, estava acostumada, e havia muito a aprender — uma das coisas que eu mais amava fazer. Além de conhecer novas linguagens e programação como Java Script, eu estava vendo em primeira mão como a indústria de tecnologia da informação funcionava: obtenção de fundos, firmas de capital de risco (todos chamavam a lanchonete local "Andersen's" de "Andressen's" por causa da famosa empresa de capital de risco Andressen Horowitz), o funcionamento do ecossistema de startups e mais. Eu estava adorando cada minuto.

E isso acontecia também porque, pela primeira vez na vida, eu não era pobre. Era *quase* classe média, e isso me trouxera certa liberdade e segurança emocional inéditas. Ainda não conseguia economizar, mas nem minha conta bancária nem meu cartão de crédito viviam no vermelho. Pelo contrário; finalmente podia pagar o que devia. Não conseguir comprar comida ainda era um pesadelo (recorrente desde minha adolescência), mas ele jamais se concretizou. Em vez de economizar para ter algo à mesa, comecei a comprar mais do que poderia comer. Amava abrir a geladeira e ver as fileiras de frutas e vegetais frescos, e experimentar produtos que antes não poderia comprar: frutas frescas pré-cortadas e embaladas, o suco de laranja mais caro, os ovos orgânicos, a carne sem antibióticos e hormônios.

Mesmo com um salário decente, eu ainda não conseguia bancar um apartamento. Mas em um imenso golpe de sorte, consegui

A DENÚNCIA

achar outro Airbnb, dessa vez em Berkeley (cidade vizinha a São Francisco): um quarto em uma grande casa laranja cujos donos eram Liz e Bob, um casal maravilhoso e de espírito livre que me aceitaram como se eu fizesse parte da família. Liz era professora de matemática, dançarina e, como eu, amava livros, arte, música, ciência e matemática. Bob tinha muita experiência corporativa e estava sempre presente quando eu precisava de conselhos sobre o trabalho e a vida. Em pouco tempo, a casa me parecia um lar: sempre que tinha algum tempo livre, tocava meu violino na sala de estar, brincava com os dois gatos fofos ou sentava à mesa para jantar com Liz, Bob e quem estivesse alugando o outro quarto. O que começou como Airbnb virou meu lar, o lugar onde morei até me mudar para a casa do meu noivo, quase dois anos depois.

Quando estudei na Penn, li um texto no qual o sociólogo C. Wright Mills dizia: "O objetivo da universidade é eliminar, em cada aluno, a necessidade do ensino superior, transformando o indivíduo em autodidata." Ao ler isso pela primeira vez, pensei na minha adolescência e nas longas noites que passei lendo todos os livros que podia encontrar e tentando aprender o máximo possível sobre o mundo. Naquela época, não me imaginei saindo da faculdade sentindo que não havia me aprofundado em tudo o que queria aprender. Depois de me formar, descobri que ainda havia muito a conhecer: teoria dos números, teoria dos nós, arte e história do Egito Antigo, física da matéria condensada, engenharia mecânica, arqueologia, entomologia — eu queria entender tudo.

Fiquei feliz da vida ao descobrir que aprender havia se tornado um hábito arraigado em minha rotina, graças a todos os anos que varei noites sobre os livros do ensino médio e de física e matemática básicas, estudando sozinha na Penn. Criei algumas "aulas" divertidas, e fingia estar prestes a começar um novo semestre na faculdade, comprando cadernos, minhas canetas de ponta fina favoritas e uma série de livros didáticos de matemática, filosofia e língua estrangeira. Toda noite, me acomodava na cama com um dos gatos, espalhava meus cadernos e livros pelo edredom florido azul e estudava até tarde da noite. Naqueles primeiros dias na Plaid, houve muitas manhãs em que acordei com o rosto enfiado em um livro de teoria dos conjuntos ou de filosofia antiga.

A única parte que não estava indo muito bem era a vida amorosa. Depois de me mudar para Oakland, tive uma série de primeiros encontros que não deram em absolutamente nada. Alguns foram comicamente desastrosos: houve o cara que me contou que não tomava banho nem usava sabão porque estava tentando cultivar seu "bioma", e outro que me chamou para sair depois de me ver lendo um livro de ciência da computação no trem — para depois dizer que, se eu quisesse namorá-lo, precisava parar de ser tão nerd e aprender a dançar e me divertir em noitadas. Além disso, parecia que todos da minha idade, tanto homens como mulheres, só estavam interessados em relações casuais ou relacionamentos "abertos", e nenhuma dessas opções me atraía. Não queria sexo casual, relacionamentos breves ou poliamor. Não queria o amor moderno, com sua conveniência, distância emocional e praticidade. Eu era uma idealista romântica à moda antiga que desejava uma relação monogâmica intensa e duradoura — um amor quase de contos de fadas. Amigos, pretendentes e ex-interesses amorosos debochavam de mim, dizendo que aquilo não existia, mas eu já tinha visto esse tipo de relação e sabia que era real. Meus pais tiveram uma assim. Eles eram almas gêmeas, destinadas uma para a outra: se amavam completamente, de todo o coração, e assim que se conheceram perceberam que ficariam juntos para o resto da vida. E eu sabia que esse tipo de amor não era apenas uma relíquia de outros tempos, de gerações passadas, porque Shalon tinha se casado recentemente, e ela e o marido, Tristan, também eram almas gêmeas. Ansiava por

A DENÚNCIA

esse tipo de amor desmedido, maravilhoso, arrebatador e não ia me contentar com menos do que isso.

Depois de um encontro particularmente difícil, resolvi desistir de namorar pelos anos seguintes. Listei em meu diário alguns objetivos que estava determinada a conquistar antes de namorar de novo: finalmente ganhar fluência em grego antigo; melhorar minhas habilidades no violino e no piano; entender tudo o que estava exposto nos três livros de Steven Weinberg sobre teoria quântica de campos; e virar um ser humano genuinamente bom, mantendo os mais altos padrões pelo restante da minha vida. Eu estava convencida de que não encontraria "a pessoa certa" até ser a melhor versão de mim mesma, mas a verdade é que tinha medo de encontrá-la e não ser boa o suficiente para manter um relacionamento.

A situação mudou depois de alguns meses na Plaid. A empresa começou a parecer mais uma continuação da vida universitária do que um ambiente profissional. Havia algo nas roupas e na comida grátis, nas constantes bebedeiras e festas caras que não parecia muito certo. Jamais tinha trabalhado em uma empresa, mas comecei a suspeitar que não deveria ser assim. Contudo, não era apenas a Plaid. Aquele ambiente parecia existir em todo o Vale do Silício. Quando perguntei a outros engenheiros sobre a cultura das empresas de tecnologia, muitos se gabaram, dizendo que falta de profissionalismo corporativo era o que tornava o trabalho tão divertido. Concordo que era animado, mas só até certo ponto. Quando as empresas davam aos funcionários todo o "necessário" (amigos, vida social, comida e mais), era difícil para eles ter vida própria fora do escritório. À medida que o tempo passava, comecei a me preocupar, pois meus dias eram inteiramente consumidos pelo trabalho, que ditava minha rotina e lentamente acabava com minha autonomia e independência.

Na primavera, fui posta de plantão — era a única engenheira (além do administrador do sistema) a responder imediatamente se houvesse problemas com o software da Plaid, a qualquer hora do dia ou da noite. Eu já trabalhava entre 12 e 14 horas por dia e mais todos os fins de semana; agora, precisava acordar no meio da noite para corrigir códigos. Sempre que um dos bancos impedia o software da Plaid de acessar seus servidores, meu pager tocava e eu acordava, botava o notebook na cama e trabalhava no código até ele funcionar de novo.

Não dormia mais à noite e, em pouco tempo, comecei a temer que a quantidade de demandas do trabalho estivesse afetando meu bem-estar físico e mental. Queria uma jornada de trabalho menor, como o restante dos funcionários. Contudo, quando falei isso com William, o CTO da Plaid, ele considerou inaceitável que uma engenheira júnior trabalhasse menos de 12 horas por dia; ele exigia me ver on-line até nos sábados e domingos. Segundo ele, eu não tinha provado ser uma engenheira e não seria tratada como tal até trabalhar mais duramente.

Tinha certeza de que aquela rotina não era sustentável. E até onde pude perceber, eu era a única que trabalhava daquela forma. Com exceção do administrador do sistema, nenhum outro engenheiro corrigia erros nos sistemas que extraíam dados dos bancos, ou estava de plantão e trabalhava tantas horas e fins de semana. Um dia entreouvi alguns colegas homens discutindo seus salários e descobri que eles ganhavam cerca de cinquenta mil dólares a mais que eu por ano, mesmo trabalhando menos. Sabendo disso e com a certeza de que eu era essencial para manter o sistema de produção da empresa em funcionamento, quando chegou o período de avaliação de desempenho pedi um aumento. William

A DENÚNCIA

negou e afirmou que eu precisava provar minha dedicação antes de "merecer" um salário maior.

Percebi na hora que não era valorizada na Plaid, então pedi demissão seis meses depois de começar na empresa. Eu estava triste por sair de lá; tornara-me muito próxima de vários colegas e sabia que sentiria falta de trabalhar com eles todos os dias, mas precisava de menos estresse e mais tempo livre, autonomia e dinheiro. Apesar de trabalhar tanto, não tinha guardado nada e precisava começar a pagar as dezenas de milhares de dólares do empréstimo estudantil que usara para me formar.

Na busca por um novo emprego, fiz questão de perguntar às pessoas que conhecia sobre boas empresas para trabalhar. Infelizmente, com o tanto que eu trabalhava, não tinha feito muitos amigos além dos colegas da Plaid. E embora tivesse ouvido muito sobre redes de contatos que supostamente ajudavam mulheres no Vale do Silício a evitar empresas mais propensas a casos de discriminação, assédio e outros problemas, eu não tinha acesso a elas. "Você precisa ser *alguém* para fazer parte", disse uma mulher que trabalhava com capital de risco. Eu não era ninguém naquele meio. Cheguei a me candidatar a empregos em algumas das startups mais famosas, mas nunca tive retorno.

Até que um dia um dos amigos da Plaid me falou de uma startup chamada PubNub, e disse que costumava trabalhar com um dos gerentes de engenharia de quem gostava muito. Fiquei empolgada por ouvir de alguém confiável, algo positivo sobre uma empresa. Quando comecei a pesquisar, descobri que a PubNub trabalhava em algo que me interessava bastante: a criação de um sistema de publicação/assinatura (chamado hoje de Pub/Sub, um serviço de mensagens em que os remetentes são dissociados dos destinatários). Explicando melhor: sempre que uma empresa precisava mandar notificações ou mensagens para os dispositivos móveis dos clientes, tinha que criar essa função do zero dentro do software dela, algo que não era muito fácil de fazer. A PubNub simplificou este processo, oferecendo uma espécie de modelo *plug-and-play* (esse é o nome da capacidade que um computador tem de reconhecer e configurar automaticamente qualquer periférico instalado, como um pendrive, por exemplo) para o envio de notificações. Centenas de empresas usavam o PubNub, incluindo a mais recente aquisição do Twitter, uma rede social de streaming de vídeo chamada Periscope. Além do meu interesse por essa tecnologia, a vaga que a empresa oferecia não exigia plantões. Eu teria um horário de trabalho normal, conseguiria mais tempo para ler, estudar e tocar violino — talvez até para fazer amigos fora do trabalho.

Gostei da equipe de operações da PubNub quando fiz entrevista para a vaga e, quando me fizeram a proposta, o salário era muito maior do que a Plaid me pagava. Por via das dúvidas, joguei a PubNub no Google, mas não encontrei qualquer sinal de alerta, então aceitei a oferta.

Sempre considerei cada nova etapa na vida como uma oportunidade de mudar, me redefinir ou aperfeiçoar. Quando comecei a trabalhar na Plaid, tinha uma longa lista de aspectos em que gostaria de melhorar— como abandonar hábitos antigos e criar novos. Quando saí da Plaid e comecei na PubNub, fiz uma nova lista, determinada a me reinventar mais uma vez. Alguns dias antes de começar no novo emprego, decidi que usaria cada minuto para ser produtiva e aprenderia a fazer o melhor que pudesse, como havia sido na Plaid. Contudo, minha prioridade seria manter o equilíbrio entre a vida pessoal e o trabalho.

O meu período na PubNub começou muito bem. Adorei os desafios de infraestrutura e me diverti horrores aprendendo a

A DENÚNCIA

montar novos datacenters virtuais na nuvem. Porém, logo descobri que eu não tinha muito em comum com meus novos colegas, e a situação desandou rapidamente. Em toda reunião geral, os diretores executivo e financeiro iam à frente e entusiasticamente diziam que seríamos maiores que o Facebook e a Google, levando todos os funcionários a gritar e a aplaudir. Quando os funcionários souberam que Ashton Kutcher e Jared Leto seriam os próximos a investir na empresa, as reuniões não falavam mais de tecnologia, e sim do quanto a PubNub era incrível, agora que estava prestes a ter celebridades como investidores. Entendi que eles estavam tentando estimular os funcionários, mas, para mim, parecia que estavam forçando a barra. A empresa tinha um ótimo serviço e estava crescendo, mas obviamente nunca seria a próxima Google ou o Facebook da vez. No que me dizia respeito, *não havia problema* nisso, mas eles não pareciam pensar o mesmo.

Mais uma vez, eu era a única mulher na equipe de engenharia. Quando entrei, não achei isso estranho porque a empresa ainda era muito pequena; à medida que o tempo passava e a PubNub contratava mais engenheiros, porém, comecei a pensar se havia um motivo pelo qual a empresa não tinha outras mulheres na equipe.

Em poucos dias descobri que meu chefe, responsável por mim e mais um funcionário, era descaradamente machista e não fazia questão de esconder. Ele comentava sobre as minhas roupas, debochando quando eu me vestia bem ou dizendo que eu andava largada, se usasse jeans e camiseta. Além disso, ele apostava que todo homem que eu namorava fazia sexo com prostitutas em segredo. Também era antissemita, e sempre dizia que achava os fundadores da empresa "mesquinhos" e "judeus" (não ousei dizer que também sou judia). O único jeito de lidar com esse chefe era ser discreta, fazer meu trabalho e ignorar o que ele dizia. Para manter a sanidade, lia livros de filosofia — Epiteto, Sêneca e Marco Aurélio toda manhã, a caminho do trabalho, e na hora do almoço.

Certo dia, após cerca de um mês no novo emprego, eu estava a caminho do almoço com o gerente e outros funcionários. Ao nos aproximarmos de um cruzamento, o sinal ficou vermelho, e paramos ao lado de uma mãe com um bebê adorável que dormia no carrinho. Eu a cumprimentei e disse o quanto o bebê era lindo. Depois que o sinal ficou verde e atravessamos a rua, o gerente virou-se para os outros engenheiros e disse que todas as mulheres eram iguais, "exatamente" como a esposa dele: enganávamos os homens ao dizer que desejávamos trabalhar e estudar para pensarem que valia a pena todo o treinamento e dinheiro que investiam em nós, quando na verdade só queríamos engravidar e sugar o dinheiro deles. Enquanto o chefe reclamava, ficou bem evidente que aquele homem odiava verdadeira, passional e profundamente as mulheres.

Encontrei muitas e variadas formas de discriminação ao longo da vida. Quando era muito jovem, esbarrei com um supremacista branco enquanto eu e uma amiga andávamos pelo bairro em que ela morava. A supremacia branca e o antissemitismo estavam se espalhando pela cidade como fogo, algo que meu pai enfrentava e denunciava corajosamente no púlpito todo domingo. Nas semanas seguintes, meu sono foi atormentado por pesadelos. Eu estava certa de que eles tinham me visto. Afinal, estava perto o bastante e fiquei apavorada pensando que neonazistas atacariam minha família. Quando era adolescente e saía para jantar com as meninas que namorava, sabíamos que poderíamos sofrer escárnio, assédio, agressões ou até ser mortas pelo que estávamos fazendo, especialmente na área rural e conservadora onde morávamos. Quando era mais velha e os estudantes de pós-graduação e pós-doutorado no departamento de física da Penn suspeitavam que eu namorava tanto homens quanto mulheres, fui publicamente humilhada e desprezada. Houve uma ocasião em que um homem no departamento usou uma série de insultos bifóbicos ao me descrever para outros

A DENÚNCIA

físicos em nosso grupo de pesquisa. Também tive minha dose de discriminação de classe na Penn. Nos três anos na universidade, fui chamada de "ralé" por alguns colegas e, assim como outros estudantes de famílias menos favorecidas, muitas vezes não pude participar de programas oferecidos pela universidade (incluindo os extracurriculares), que não eram cobertos pelas bolsas de estudo, ou seja, tínhamos que pagar do próprio bolso.

Também fui alvo por causa do meu gênero. Quando era adolescente e trabalhava como babá, precisei lidar com o comportamento inadequado de alguns pais. Os mais asquerosos tentavam flertar comigo, fazendo perguntas inapropriadas de cunho sexual. Os piores tentavam se impor e um deles me agrediu com violência. Quando eu tinha 17 anos, trabalhei em uma loja na qual o gerente sempre tentava flertar comigo de um jeito bem nojento. Um dia ele não apareceu para trabalhar e eu e meus colegas descobrimos que ele tinha sido preso por estupro. Por mais terríveis que fossem essas experiências, elas não eram exceções de onde eu vim: toda adolescente que eu conhecia tinha vivido uma situação igualmente repulsiva.

Cresci convivendo com o medo e o ódio. Estava acostumada com pessoas sentindo raiva de mim e me tratando mal por eu ser mulher e por conta da minha herança judaica, classe social e orientação sexual. Não entendia e nem conseguia descobrir por que elas carregavam tanto ódio no coração. Na adolescência, acreditava piamente que, se saísse da pobreza, trabalhasse o suficiente e tivesse o que chamava de "emprego chique e bem remunerado", nunca mais enfrentaria esse tipo de tratamento de novo; para mim, aquele tratamento nojento, inadequado, aviltante e discriminatório que recebia vinha de uma profunda ignorância, e as pessoas que me odiavam só faziam aquilo porque não sabiam agir de outra forma. Depois do que acontecera na Penn, disse a mim mesma que tudo seria melhor fora da academia, no "mundo real". Eu acreditava que o tratamento recebido na universidade era fruto de não haver leis suficientes para proteger os alunos, mas agora que tinha o "emprego chique e bem remunerado" no mundo real — aquele que, presumidamente, me daria um pouco mais de respeito por eu ser ostensivamente protegida por rígidas leis federais —, eu percebi que a situação não era tão diferente assim.

Pensar que esse tipo de tratamento poderia me seguir, independentemente do quão alto eu chegasse econômica e socialmente, me apavorava. Ao ouvir o gerente na PubNub usar abertamente um discurso misógino para se referir a mim e a outras mulheres, percebi que ele me odiava pela única característica que eu não podia esconder. Aprendi a esconder a herança judaica, as preferências sexuais, a fingir que não tinha vindo de uma cidade cheia de trailers, a cobrir minhas tatuagens, a estudar cuidadosamente livros de etiqueta para me encaixar na sociedade, mas como esconder o fato de ser mulher?

Jamais me defini ou julguei a mim mesma pelas características que as pessoas usaram para me discriminar, como gênero e etnia. Queria ser julgada pelo tipo de pessoa que sou, pelo meu trabalho, caráter e minhas conquistas, não por aspectos arbitrários que eu era incapaz de mudar. Ao me enxergar apenas como representante do meu gênero, o gerente me roubou isso. Pior ainda: fiquei horrorizada ao perceber que aquele babaca era meu chefe, responsável pelo desenvolvimento da minha carreira, meus relatórios de desempenho e salário. O preconceito dele poderia ter um efeito enorme na minha carreira e na das outras mulheres da equipe (se é que eles empregariam mais alguma) e eu não podia permitir isso.

Até aquele momento, eu tinha evitado denunciá-lo. Não queria me tornar vítima da situação, nem ser rotulada como a mulher que foi assediada, a criadora de casos, o "problema" ou algo do tipo,

A DENÚNCIA

como aconteceu na Penn. Não queria ser vista como um risco em vez da funcionária esforçada que eu era, mas sentia que não tinha escolha: eu não podia me calar.

Para denunciar o comportamento dele, tentei encontrar um representante de Recursos Humanos na empresa, mas a PubNub não tinha um departamento de RH. As queixas relacionadas ao departamento pessoal eram enviadas ao conselho geral da companhia. A experiência na Penn me ensinara que falar com o advogado da empresa não era uma boa ideia. A Penn tinha um lugar onde os alunos poderiam ser aconselhados legalmente, e quando a faculdade me puniu, recusando-se a conceder minha vaga no mestrado, eu pedi ajuda, supondo erroneamente que eles estavam lá para dar orientação jurídica aos alunos sobre situações relacionadas à Penn, quando na verdade parecia que eles existiam para ajudar a Penn a se safar de problemas jurídicos que enfrentavam com seus alunos dentro e fora do campus. Depois de contar minha história, eles disseram que representariam a universidade, não a mim, em qualquer processo que eu entrasse contra a faculdade. Por isso, eu sabia que procurar o advogado da PubNub seria um erro. Não fazia ideia de a quem pedir ajuda; me sentia encurralada. Queria sair da empresa, mas sabia que teria dificuldade para explicar aos futuros empregadores por que ficara apenas seis meses no primeiro emprego e bem menos que isso no segundo. Então, decidi que faria o necessário para sobreviver lá por um ano, depois seguiria em frente, talvez deixando a ciência, a tecnologia e o Vale do Silício para sempre.

Trabalhava na PubNub há apenas dois meses quando um gerente de engenharia da Uber entrou em contato comigo pelo LinkedIn e me perguntou se eu gostaria de fazer parte da startup de crescimento mais rápido do mundo. A oportunidade não poderia ter vindo em um momento mais adequado. O comportamento machista do meu gerente só piorava e, além disso, ele e outro gerente brigavam sobre as responsabilidades da área e os grupos de engenharia e infraestrutura estavam reféns daquela inútil batalha política. A luta pelo poder exauriu a mim e aos meus colegas e o clima no escritório era de fadiga e apreensão.

Por isso, fiquei empolgada com aquele contato. Nos últimos oito meses em São Francisco, notei que a Uber estava em toda parte. Todo mundo que eu conhecia usava o aplicativo, e depois de cada reunião, festa ou saideira no bar, no fim da noite eu só ouvia "Já chamou seu Uber?", "Posso chamar um Uber para você?" e "Aquele é o seu Uber ou o meu?". Parecia que metade dos carros na rua era dirigida por motoristas da Uber. A empresa era onipresente, seu nome tinha virado sinônimo de chamar um carro, substituindo o ato de ficar no meio-fio acenando para os táxis.

No começo, achei estranho entrar no carro de um desconhecido, acreditando que aquela pessoa comum, dirigindo um carro comum, teria tanto a habilidade de um motorista profissional quanto a experiência necessária para me levar em segurança para onde eu precisasse, especialmente depois de passar os últimos três anos pegando táxis na Filadélfia. Inicialmente, usava o aplicativo com parcimônia, mas quando machuquei o pé e precisei pegar o trem de muletas, finalmente cedi e comecei usar o aplicativo da Uber como um dos meus principais meios de transporte.

Sempre que encontrava motoristas falantes, perguntava se eles gostavam de dirigir para a Uber. A maioria parecia feliz. Muitos tinham começado depois de se aposentar; alguns, porque precisavam da renda extra; outros, o tédio falara mais alto e eles procuravam algo para fazer. E havia os que dirigiam em tempo integral, cruzando a cidade ao longo de períodos entre 8 a 12 horas por dia. Conheci uma mãe que educava os filhos em casa de dia e dirigia à noite, quando o marido voltava do trabalho, para ganhar dinheiro extra e conversar com adultos depois de passar o dia com as crianças. Conheci um homem que tinha morado na rua até pouco tempo antes, catando latas de refrigerante e cerveja no lixo para vendê-las para um centro de reciclagem e comprar comida. Através de leasing, conseguira um carro e não morava mais na rua. Conheci também estudantes universitários que dirigiam nos intervalos das aulas. Todos os motoristas do aplicativo tinham algo em comum: adoravam dirigir para a empresa. Um retrato do papel da Uber na sociedade se delineou na minha cabeça, e eu comecei a realmente gostar daquela empresa esquisita e do seu aplicativo para pedir carros.

Mesmo assim, achei que seria melhor ignorar a mensagem que recebera — pelo menos por um tempo. Não queria parecer alguém que pula de um emprego para outro e, mesmo com a situação difícil no trabalho, o restante era só alegrias. Eu tinha uma vida social movimentada e plena: passava boa parte do dia com os amigos da Plaid, minhas irmãs mais novas tinham vindo do Arizona para me ver e muitos dos velhos amigos viajavam da Filadélfia e do Arizona para São Francisco a fim de me visitar. Além disso, voltei a fazer aulas de violino e praticava toda noite por várias horas. Estudava lógica e teoria dos conjuntos e passava as viagens diárias para São Francisco ouvindo fitas de aprendizado de russo e alemão, como meu pai fazia. Retomei meu antigo sonho de ser uma autora e escrevi um romance sobre o oeste norte-americano moderno. Decidi que me candidataria a uma vaga na Uber assim que estivesse perto de fazer um ano na PubNub — tentei não pensar que ainda tinha mais dez meses pela frente.

No início do outono, o gerente disse que a empresa instalara equipamentos que permitiria aos chefes ler as mensagens de texto que os funcionários enviavam pelo celular. Eu tinha certeza que ele estava brincando, até um dos diretores de engenharia me mostrar os detalhes do equipamento e outros diretores, como o de desenvolvimento e operações, de API externa e o de TI confirmarem tudo. Meu chefe brincou que mal podia esperar para ler todas as mensagens íntimas que eu mandava para o meu namorado.

Essa foi a gota d'água. Comprei um celular novo, não o conectei ao Wi-Fi da empresa nem instalei os certificados de segurança exigidos, e o mantive desligado durante o horário de trabalho.

Assim que configurei o novo celular, concordei em fazer uma entrevista por telefone com a Uber.

CAPÍTULO **SEIS**

O primeiro contato com a Uber foi extraordinariamente bom. O gerente com quem falei, Eamon, era empolgado em relação ao trabalho e à empresa. No fim da ligação ele me pediu para ir ao escritório fazer uma entrevista pessoalmente.

Antes do encontro, porém, passei bastante tempo pesquisando na internet frases como "Uber assédio sexual", "Uber discriminação" e "Uber cultura da empresa", determinada a evitar uma repetição das experiências antigas, mas nada de ruim surgiu. De acordo com as buscas no Google, parecia que a Uber nunca tinha sido processada por um funcionário. Fiquei aliviada, achando que isso significava uma boa cultura corporativa. Fazia sentido, pensei. Uma empresa tão grande provavelmente não conseguiria escapar impune porque a história acabaria vindo à tona.

O que eu não sabia na época era que o simples fato de não haver registro público de transgressões não significava que a Uber mantinha um histórico imaculado, e sim que todos os funcionários eram obrigados a se submeter à arbitragem da empresa. Cláusulas sobre arbitragem obrigatória costumam ser incluídas nos contratos que os funcionários assinam, geralmente logo no primeiro dia do novo emprego, não só em empresas de tecnologia como a Uber, como em muitas outras nos Estados Unidos.[3] A maioria dos funcionários não sabe exatamente com o que está concordando quando assina esses documentos, pois as cláusulas são escritas em um juridiquês obscuro; o funcionário raramente percebe as consequências de concordar com esses termos até ser tarde demais. Sob a arbitragem obrigatória, os funcionários não podem processar os empregadores caso sofram assédio, discriminação ou retaliação. Em vez disso, todas as queixas são tratadas em um procedimento secreto de arbitragem, no qual o árbitro é contratado e pago pela empresa. Quase todos os processos correm em segredo de justiça, o que impede que o funcionário fale dos maus tratos e da arbitragem com qualquer pessoa. Depois eu ficaria sabendo de casos de retaliação, assédio e discriminação sobre os quais os funcionários da Uber foram proibidos juridicamente de falar.

Tendo feito o dever de casa e não encontrado problemas, decidi seguir em frente com o processo seletivo. Para minha tristeza, minha ida à empresa foi adiada. Depois de ser informada que passara na entrevista por telefone, esperei alguns dias e não ouvi mais nada de Eamon ou dos recrutadores da Uber. Os dias viraram semanas e, quando já estava pronta para mandar um e-mail à empresa, um recrutador chamado Carter entrou em contato comigo para finalmente agendar a entrevista. Segundo ele, a Uber pedia desculpas pelo atraso. Eles tinham acabado de voltar de Las Vegas, e os

---

3 Até oitenta por cento das empresas na lista *Fortune 500* usam arbitragem forçada (Fonte: http://employeerightsadvocacy.org/publications/widespread-use-of-workplace-arbitration/, em inglês). Estima-se que 60,1 milhões de funcionários nos Estados Unidos sejam obrigados a assinar contratos com arbitragem forçada e não podem processar os empregadores (Fonte: https://www.epi.org/publication/the-growing--use-of-mandatory-arbitration-access-to-the-courts-is-now-barred-for-more-than--60-million-american-workers/, em inglês).

A DENUNCIA

funcionários estavam ocupados demais para agendar entrevistas, lidando com as consequências dessa "louca" viagem.

Eu não sabia que essa descrição de Carter tinha sido um tremendo eufemismo. Depois de publicar meu texto no blog, o *New York Times* investigou a cultura da Uber e descobriu que aquela viagem tinha sido incrivelmente extravagante e imoral. O CEO da Uber, Travis Kalanick, tinha levado a empresa inteira de avião para Las Vegas por alguns dias para uma farra regada a álcool, comida e diversão ilimitadas. Beyoncé, que tinha investido na Uber com o marido Jay-Z, fez um show particular para a equipe. Um dos funcionários roubou uma van, outro agrediu uma funcionária e vários foram pegos com drogas. Um dos meus colegas disse que aqueles que estiveram em Las Vegas compareceram "completamente bêbados" a todas as reuniões, do início da manhã até o fim da noite ao longo de toda a viagem.

O que deveria ter soado como um alarme para mim (por que haveria "sinais de alerta" em uma viagem de trabalho?) acabou passando batido. Na época, eu estava ansiosa demais para conseguir um novo emprego e para sair da PubNub, o que me impediu de ver a situação com maior cuidado. Sonhava em trabalhar em um lugar que estivesse realmente impactando o mundo, em uma empresa com pessoas ansiosas para ir trabalhar todos os dias e apaixonadas por resolver problemas, com um departamento de RH e sem gerentes que dizem coisas inadequadas ou fazem piadas sobre ler minhas mensagens pessoais. Eu me perguntava se esse trabalho na Uber poderia ser mais do que um emprego e o começo de uma carreira na engenharia.

Enquanto contava os dias para a entrevista, perguntei a outros motoristas da Uber sobre suas experiências. Tentei descobrir as suas piores experiências em dirigir para a Uber, mas o mais terrível para eles era o medo de a empresa baixar as tarifas para manter a competitividade frente à sua maior rival, a Lyft.

O quartel-general da Uber ficava no número 1.455 da Market Street, um prédio que dividia com a Square e outras empresas. Mas esse não era o único escritório deles em São Francisco: havia ainda os dois escritórios de engenharia. A localização precisa desses escritórios sem placa ou logotipo era um segredo muito bem guardado na época, permitindo que funcionários e executivos trabalhassem em relativo anonimato, algo cuja importância só entenderia após presenciar protestos e revoltas contra a Uber explodirem em frente ao nº 1.455 pouco depois de eu ter entrado para a empresa.

A entrevista presencial aconteceu em um desses escritórios secretos de engenharia. Mesmo sendo as instalações menos glamorosas da Uber em São Francisco, era de longe o escritório mais elegante que eu já tinha visto. Peguei o elevador até a cobertura, onde fui recebida por uma coordenadora de recrutamento que me levou em um tour rápido pela empresa. Cada andar era idêntico: havia fileiras de mesas onde os engenheiros trabalhavam diante de grandes monitores da Apple e áreas estilosas onde eles sentavam em sofás ou cadeiras, digitando nos laptops. Havia também salas de reunião com paredes de vidro. Segundo a coordenadora, cada andar tinha uma cozinha totalmente abastecida com comida e bebidas à vontade; alguns tinham refeitórios, onde os funcionários se reuniam para as três refeições: café da manhã, almoço e jantar — este último, segundo ela, era servido bem tarde da noite, e logo descobri que esse era um dos jeitos da Uber estimular as pessoas a trabalhar até tarde.

Ela me levou a uma das salas de reuniões com paredes de vidro em frente ao pátio central do prédio, que estava em construção (naquela época e sempre). Fiquei lá sozinha por alguns minutos, sentada diante de uma mesa de reuniões, esperando meu entrevistador aparecer. Em uma das paredes havia uma TV grande e, em outra, um gigantesco quadro branco, no qual consegui distinguir os vestígios de antigos escritos, marcas fantasmagóricas em preto,

A DENÚNCIA

azul e vermelho que quase se conseguia ler. Olhei para os escritórios onde engenheiros estavam sentados diante dos monitores duplos, com os olhos grudados nas telas.

A primeira entrevista foi com Eamon, o gerente que havia me recrutado, e tratou do meu assunto favorito: arquitetura de software. Era uma típica entrevista, na qual é solicitada a criação de um aplicativo (que pode ser algo como o Foursquare, o Excel, às vezes até um como o Uber) para, em tese, dez usuários iniciais. Espera-se que o candidato elabore a arquitetura do aplicativo no quadro branco, quase como se projetasse uma casa — exceto que, em vez de banheiros e salas, ele teria que distribuir bancos de dados, balanceadores de carga para dividir o tráfego entre servidores, endpoints de API e similares. Aí vem a parte difícil. O entrevistador diz: "Imagine que você agora tenha dez mil usuários em vez de apenas dez. Onde a situação começaria a se deteriorar e como você mudaria a arquitetura do sistema?" É quando se espera que o candidato aborde o básico sobre construção de sistemas distribuídos e escaláveis e como os sistemas de software falham. Toda tecnologia apresenta limitações: alguns aplicativos funcionam bem com milhões de usuários, e outros, não. O trabalho de todo engenheiro é conhecê-las e aprender a superá-las. A quantidade de usuários só aumenta a partir desse ponto ("E com cem mil usuários?" "E com um milhão?"), com o entrevistador pedindo para escalonar o sistema até o candidato ceder ao estresse, perder a cabeça ou simplesmente não saber o que fazer, e o tempo se esgotar.

Foi aí que me destaquei. Eu jamais trabalhara em nada parecido com a escada computacional sem precedentes da Uber, mas já tinha criado sistemas escaláveis e sabia do que ele estava falando. Achei que tinha ido bem na entrevista, gostei de Eamon e queria trabalhar com ele. A próxima etapa foi sobre "fit cultural", na qual os entrevistadores tentavam descobrir se eu "me encaixaria na cultura organizacional" da Uber. Depois veio a primeira de duas entrevistas sobre programação: em vez de criar um sistema de software, eu precisava programar.

Durante as entrevistas com funcionários e gerentes, fiz o possível para entrevistá-los também, perguntando coisas como "Qual é o equilíbrio entre vida e trabalho aqui na Uber?", "Como é o *seu* dia a dia?", "Como vocês lidam com as falhas?", "Quais são os maiores desafios da empresa, técnicos ou não?". As respostas pareciam razoáveis e eles foram eficazes em me vender os benefícios e méritos do trabalho. Os engenheiros pareciam amar o que faziam, gostavam de realizar tarefas em equipe e conseguiam equilibrar bem a vida pessoal e a corporativa.

Nunca perguntei quantas mulheres havia nas equipes e nem precisei. Todos os entrevistadores deram essa informação no início de cada entrevista, cada um dizendo exatamente o mesmo: "Vinte e cinco por cento do nosso quadro de engenheiros é de mulheres." Ouvia esse número mágico sendo repetido muitas vezes. Um dos entrevistadores deu um passo além, revelando: "Temos mais mulheres que a Google, a Amazon e todas as grandes empresas de tecnologia." Adorei a ideia de trabalhar em um lugar onde não seria a única mulher e, com sorte, receberia salário e tratamento iguais aos dos colegas do sexo masculino. Eles me ganharam com isso.

O processo seletivo passou voando e logo me vi diante do quadro branco e com um marcador nas mãos para a entrevista final. Os entrevistadores me pediram para resolver um problema de programação. Finquei a caneta no quadro branco. Eles haviam deixado à minha escolha resolver o problema na linguagem de programação da minha preferência, então optei pela que conhecia melhor, C++. Comecei a escrever a solução no quadro.

— O que é isso? — perguntou um dos entrevistadores. Fiz outra pausa e percebi que ele me perguntava qual linguagem de programação eu estava usando.

A DENÚNCIA

— Vocês se importam se eu escrever a solução em C++? — perguntei. Eles se entreolharam e hesitaram. Expliquei que costumava programar nessa linguagem e, para esta solução em particular, o C++ seria mais eficiente.

— Não sabemos nada de C++ — retrucou um dos entrevistadores, lentamente.

— Ah, tudo bem. Que tal eu escrever em C++ e explicar o código durante o processo?

Eles concordaram e eu comecei a resolver o problema no quadro branco, fazendo o melhor que podia para explicar a solução; eles pareciam acompanhar.

Antes de sair do prédio, fui ao banheiro. Enquanto lavava as mãos, uma integrante da equipe de limpeza começou a trabalhar. Eu a observei por um instante, sentindo que havia algo estranho na situação, mas não consegui entender o que era. Voltei para o saguão onde a coordenadora de recrutamento esperava para me acompanhar até a saída do prédio. Enquanto ela me guiava pelo labirinto de mesas e salas de reunião que havíamos passado durante a apresentação inicial, não conseguia deixar de sentir que havia algo errado, algo *estranho* em relação ao escritório. Quando chegamos ao elevador, finalmente entendi: em todas as etapas o entrevistador fizera questão de enfatizar o grande número de engenheiras que trabalhavam nas equipes, mas as únicas mulheres que tinha visto durante a visita eram a coordenadora de recrutamento e a faxineira.

No dia seguinte, recebi um e-mail de Carter. Segundo ele, a maioria das pessoas que me entrevistaram me adorou, mas alguns tinham dúvida sobre minha capacidade de programação. Para seguir em frente eles precisavam que eu resolvesse, em casa, um problema difícil, e eles usariam isso para avaliar minhas habilidades como programadora. Fiquei meio confusa, pois achei que tinha ido muito bem nas entrevistas técnicas, mas concordei em fazer a tarefa.

Quando o problema chegou à minha caixa de entrada, não pude deixar de rir: Carter tinha me mandado o mais básico problema do Project Euler para que eu o resolvesse. O Project Euler é um dos mais populares sites de programação para engenheiros de software, alunos de ciência da computação e de matemática, reunindo uma série de problemas matemáticos, de quebra-cabeças extremamente fáceis a problemas que poucas pessoas no mundo seriam capazes de resolver. Dizer que me mandar o problema mais fácil do Project Euler era um insulto seria pouco: isso dava a entender que eu sabia menos de ciência da computação e matemática que a maioria dos estagiários de engenharia de software, ainda na faculdade. Embora fosse verdade que não tinha um diploma em ciência da computação, eu estava longe de ser iniciante. Afinal, tinha passado os últimos três anos fazendo algoritmos matemáticos complicados.

Levei poucos minutos para resolver o problema. Quando o enviei, precisei de todo o meu autocontrole para não dizer o quanto era estranho eles me mandarem o primeiro problema do Project Euler, mas a essa altura já tinha aprendido a segurar a língua.

Consegui a vaga.

Carter me ligou com a oferta: Engenheira de Software I no grupo que trabalhava na área de confiabilidade do site. O componente financeiro da oferta era atraente: mais do que eu ganhava na época (mas não muito) e ainda um pouco baixo para o cargo, mas a oferta de participação acionária parecia muito baixa, em comparação ao que eu ganharia em qualquer outro lugar. Aleguei que o baixo número de ações me deixava com uma remuneração total menor do que eu estava disposta a (ou era financeiramente capaz de) aceitar. A Uber aumentou ligeiramente a participação acionária. Protestei de novo e expliquei que não estava interessada no emprego ou na oferta se eles se recusavam a me dar um pacote competitivo de ações. Eles retornaram mais uma vez — dessa vez, não com um aumento de salário ou ações, e sim com um preço

A DENÚNCIA

de ação inflado. Com esse "novo" preço das ações, que segundo Carter era baseado na avaliação da empresa, minha remuneração total finalmente era o que eu precisava e desejava.

Antes de aceitar, passei mais um tempo pesquisando o ambiente de trabalho da Uber. Como não tinha encontrado nada negativo na internet,[4] dei um passo além e perguntei aos meus amigos engenheiros de software o que eles achavam. Todos tinham a mesma resposta: a Uber era *o* lugar, a melhor empresa para fazer trabalhos avançados de engenharia e onde todos gostariam de estar. Falei com recrutadores que trabalhavam em firmas externas de RH e todos cobriram a empresa de elogios. Um deles foi categórico: "Com a Uber no currículo, você pode ir a qualquer lugar, ser o que quiser."

Fiz várias viagens pelo aplicativo e, de novo, pesquisei sobre o que os motoristas achavam da empresa. Fui ainda mais longe do que antes, perguntando se conheciam colegas com experiências ruins. Contudo, todos falaram bem da empresa e disseram o mesmo que antes: as tarifas estavam baixas devido à intensa competição com a Lyft, mas tinham certeza de que a Uber voltaria a aumentá-las. No geral, eles gostavam de dirigir para a Uber.

Sentindo-me segura, deixei de lado a preocupação com o Project Euler e a conversa sobre as ações e aceitei o emprego.

Entre o novo pessoal contratado, fui uma das primeiras pessoas a aparecer na sede da Uber no dia 30 de novembro de 2015. Entrei no prédio 1.455, parei em um dos balcões no saguão para pegar um crachá temporário e me dirigi aos elevadores. Quando cheguei ao

---

4 Na época, eu não sabia e não apareceu nas minhas buscas no Google sobre o ambiente de trabalho da Uber, mas vi alguns artigos negativos sobre a empresa, incluindo notícias sobre um executivo chamado Emil Michael ter ameaçado a jornalista de tecnologia Sarah Lacy.

quarto andar, não conseguia parar de pensar o quanto aquele hall espelhado dos elevadores parecia a Estrela da Morte de Star Wars, com paredes, teto e chão escuros como breu. Em uma de suas extremidades ficava a recepção, com o logotipo preto da Uber com o U e o R estilizados e curvos pregados na parede acima de uma mesa de mármore, e uma fileira de sofás no centro da sala de espera. Enquanto aguardava os outros novos funcionários da Uber chegarem, percebi que só aquele saguão era maior do que todos os escritórios em que já tinha trabalhado.

O restante da nova turma foi chegando e os funcionários que davam a orientação inicial diziam que agora éramos "nUbers (um trocadilho com "new", novo, e "Uber", em inglês). Todos fizemos fila, primeiro para entregar passaportes, green cards e carteiras de motorista e depois, para tirar a foto do crachá na frente de uma das paredes brancas do saguão. Quando fiquei de pé diante da câmera, tentei dar um sorriso bonito e elegante, mas não consegui me conter: estava tão empolgada que deixei um sorriso bobo e eufórico iluminar meu rosto.

Fomos conduzidos até uma sala de reuniões e cada um recebeu seu próprio MacBook, configurado com softwares de segurança e rastreamento, e-mail, autenticação de dois fatores e o aplicativo de chat interno. (Na época, eu e todos os outros achamos normal receber um laptop novinho que custava milhares de dólares.) Fizemos um breve tour por uma parte do andar: o refeitório de paredes pretas que também lembrava a Estrela da Morte virava um espaço no qual todos se reuniam às terças-feiras de manhã; os banheiros; a mesa de suporte de TI; as fileiras de mesas e salas de reunião; e um vislumbre da famosa "sala de guerra". Os engenheiros então foram levados para fora do prédio: enquanto o pessoal de negócios e marketing ficou na sede, nós trabalharíamos em um dos escritórios de engenharia da Uber na mesma rua.

A DENÚNCIA

Havia três programas de treinamento que eu precisava fazer como nova engenheira da Uber. O primeiro era chamado *Engucation* (um neologismo em inglês, unindo engenharia, *engineering*, e educação, *education*), uma semana repleta de aulas sobre a cultura e as práticas de engenharia da Uber, sistemas distribuídos, esquemas de plantão, práticas de segurança e muito mais. Uma das aulas desse treinamento foi dada pelo diretor de Tecnologia, Thuan Pham. No início da semana eu e meus novos colegas engenheiros não fazíamos ideia de como o aplicativo da Uber realmente funcionava; ao fim do *Engucation*, já sabíamos programar para a empresa.

Antes de entrar lá, eu sabia que a engenharia da Uber era grande, mas não fazia ideia de que era, na realidade, imensa. O aplicativo da Uber para celular não tinha uma base de código como os outros aplicativos "monolíticos" com os quais eu trabalhara. Ele era composto por mais de mil pequenos aplicativos chamados microsserviços, e cada um tinha uma equipe dedicada de engenheiros. Durante minhas aulas de *Engucation*, tentei entender o funcionamento real da infraestrutura de computação por trás de todos esses aplicativos — era com ela e seus servidores, sistemas operacionais, redes e todo o código de programação conectando os aplicativos, que eu trabalharia para deixá-la melhor, mais confiável e mais tolerante a falhas.

Depois da *Engucation* veio mais um treinamento especializado a fim de preparar novos funcionários para seus papéis específicos dentro da empresa. Os novos cientistas de dados ficavam com as equipes de ciência de dados, os desenvolvedores de front-end aprendiam a programar nessa área e eu ficaria com uma das equipes de Engenharia de Confiabilidade do Site (*Site Reliability Engineering*, ou SRE), a fim de aprender o básico antes de me juntar à equipe permanente. Eamon me alocou em uma de suas equipes de SRE nessa fase do treinamento. Era um grupo confuso, composto por

Clement e Rick, dois dos melhores engenheiros de confiabilidade da empresa, responsáveis por manter algumas das partes mais críticas do software funcionando. Ambos me davam pequenas tarefas para fazer; amei trabalhar com eles. Rick estava sempre com fones de ouvido, balançando a cabeça ao som de qualquer novo DJ recém-descoberto; Clement dava cotoveladas nele algumas vezes por dia para perguntar sobre um problema que estavam tentando resolver. No fim deste breve período com os dois, senti que sabia mais sobre as práticas de SRE da Uber e estava pronta para receber minha tarefa permanente: um cargo na equipe da nuvem.

Antes, porém, precisava fazer a última etapa do treinamento dos novos funcionários da Uber: um programa de três dias chamado *Uberversity* (de Uber + *university*, ou universidade). Os novos funcionários do mundo inteiro eram enviados a São Francisco para a *Uberversity* logo após terminar a *Engucation* (ou o curso equivalente para as áreas de marketing, vendas e negócios) e o treinamento específico para trabalhar em seus respectivos escritórios locais. Como definiu um dos gerentes SRE: "A *Engucation* é como o ensino médio, onde você tem uma vaga ideia de como é a Uber, enquanto a *Uberversity* é a faculdade, onde você aprende *realmente* como é a empresa."

No primeiro dia da *Uberversity*, centenas de novos funcionários de cada equipe e país se reuniram em um dos escritórios secretos da Market Street. Após encontrar nossos lugares na sala grande, a primeira informação fornecida era que jamais poderíamos namorar "TK". A sala foi tomada por um burburinho de vozes confusas e todos começaram a conversar entre si. Um dos homens à minha mesa se inclinou e perguntou à mulher ao lado dele:

— Quem diabos é TK?

Ela encolheu os ombros e sussurrou:

— Sei lá.

A DENÚNCIA

A mulher no palco continuou, dizendo que sabia que todos nós gostaríamos de namorar TK, mas isso era (disse ela com um suspiro) contra as regras.

Depois desse começo estranho, tivemos aulas sobre negócios, comunicação, segurança, engenharia, benefícios e mais. Em uma das aulas, aprendemos os 14 valores da Uber, que deveríamos seguir o tempo todo: *Superpumped* ("Superempolgação"), *Always Be Hustlin'* ("Sempre ralando" — a expressão tem um duplo sentido nos EUA, significando também faltar com a ética ou cometer atos ilícitos no intuito de ganhar dinheiro), *Let Builders Build* ("Deixe os construtores construírem"), *Meritocracy and Toe-Stepping* ("Meritocracia e 'pode passar por cima'"), *Principled Confrontation* ("Confrontos íntegros"), *Big Bold Bets* ("Apostas grandes e ousadas"), *Celebrate Cities* ("Celebre cidades"), *Make Magic* ("Faça mágica"), *Inside Out* ("De dentro para fora"), *Optimistic Leadership* ("Liderança otimista"), *Be Yourself* ("Seja você mesmo"), *Be an Owner not a Renter* ("Seja proprietário, não inquilino"), *Champion's Mindset* ("Mentalidade de campeão") e *Customer Obsession* ("Obsessão pelo cliente").[5]

No meio da *Uberversity* houve uma competição para eleger a "pessoa mais interessante", apresentada como um exercício de construção de equipes. Cada mesa escolhia uma pessoa; então, os indicados subiam ao palco, onde um diretor de engenharia de software com um cargo bem alto escolheria o vencedor. Depois de contar a história da minha vida à mesa, fui indicada e subi ao palco com os outros.

Quando estávamos todos em fila, o diretor de engenharia de software apontou para cada uma das mulheres do palco, dizendo:

— Você, você, você e... *você*. Podem descer e voltar para as mesas.

---

5 Esses princípios foram abandonados ou reformulados em 2017. [*N. da R.*]

Por um momento, hesitei e ri alto, pensando que era piada. Não tem como esse cara ter eliminado todas as mulheres por acidente. Quando viu que eu ainda estava em pé no palco, o diretor me lançou um olhar furioso e acenou para que eu voltasse à minha mesa. Desci para vê-lo escolher o homem mais interessante.

Como parte da *Uberversity*, a Uber alugou um bar e promoveu um happy hour toda noite para os novos funcionários. No fim do dia, vi os colegas pegarem as pulseiras para o bar, mas dei meia-volta e fui para casa. Eu não queria ir. Estava com uma sensação ruim na boca do estômago e ainda não sabia por quê.

No último dia de treinamento, tivemos uma sessão de perguntas e respostas de uma hora com "TK" e finalmente descobrimos que se tratava do CEO da Uber, Travis Kalanick. Depois, toda a turma de novos recrutas e mais integrantes da equipe de treinamento da *Uberversity* se reuniram no palco para uma foto; nela, quase todos aparecem usando uma camisa preta escrito "Uberversity 2015", menos alguns dos integrantes mais antigos da equipe de treinamento, algumas pessoas no fundo — e eu.

O Natal estava chegando. Na sexta-feira, 18 de dezembro, a Uber promoveu sua confraternização de fim de ano. Nas semanas anteriores, quando eu estava fazendo os diversos programas de treinamento para novos funcionários, todos só falavam na festa: no almoço, as pessoas especulavam qual celebridade se apresentaria. Como a Beyoncé fez um show particular na famosa "viagem para Las Vegas" todos tinham certeza de que ela (ou alguém igualmente famoso) seria a atração musical da noite. Eu nunca tinha ido a uma confraternização de fim de ano do Vale do Silício. As únicas festas de Natal que eu tinha frequentado eram as da igreja da minha família e as comemorações barulhentas e regadas a álcool do departamento de física da Penn. Esta seria totalmente diferente.

A DENÚNCIA

Do jeito que as pessoas falavam, era *o* evento do ano, e a Uber era uma empresa que se orgulhava das festas luxuosas e extravagantes que dava. Parecia que todos ao meu redor estavam planejando o que vestiriam e quem levariam com meses de antecedência.

Depois de muita consideração e extensas pesquisas no Google sobre o que as mulheres usavam nas festas de fim de ano no Vale do Silício, comprei um vestido de veludo roxo que não era nem conservador, nem revelador demais. Agora, eu só precisava de uma companhia. Como estava solteira na época e tinha desistido de namorar, chamei para ir comigo Kristin, uma velha amiga da UA que estava morando em São Francisco.

A Uber alugou para a festa dois prédios gigantescos em um dos píeres no Embarcadero, um pitoresco boulevard na orla de São Francisco. Choveu muito naquela noite e, quando chegamos (de Uber, é óbvio), corremos e entramos no primeiro prédio, onde enfrentamos uma longa fila para sermos revistadas e entregarmos nossos casacos.

Lá dentro, todos estavam muitíssimo bem vestidos, rindo e se conhecendo enquanto bebiam sob luzes estroboscópicas. Em outra sala, havia uma "discoteca silenciosa" em que todos usavam fones de ouvido para ouvir as músicas tocadas por um DJ. Os integrantes da equipe esperavam no corredor entre os dois prédios, distribuindo guarda-chuvas aos convidados. Kristin e eu pegamos um deles e corremos até o próximo prédio, onde encontramos uma festa normal, com DJ famoso e pista de dança. No primeiro prédio rolava uma das festas mais legais que eu já tinha visto, mas a do segundo superou até a festa no Museu de Arte da Filadélfia que eu tinha ido quando comecei a estudar na Penn. Era elegante, sofisticada e tinha tudo. Os outros funcionários não pareciam considerá-la especialmente chique, mas, para quem crescera na pobreza e nunca tinha ido a um baile de formatura nem a uma festa de verdade além daquela na Penn, parecia algo saído de um filme. Kristin e eu rimos ao compará-la com as antigas festas que costumávamos frequentar na universidade, onde cinquenta pessoas se espremiam no apartamento de dois quartos de alguém com um barril de chope barato ou dançando por horas ao redor da piscina do condomínio.

Pegamos alguns drinques de um dos muitos balcões do open bar, corremos para a pista e dançamos a noite inteira. Eu ainda não conhecia muita gente na empresa e estava feliz por ter uma amiga ali comigo. Em um determinado momento, entre uma música e outra, saí da pista para recuperar o fôlego. De onde eu estava, perto da cabine do DJ, dava para ver todo o espaço. Foi quando me dei conta: quase todos na festa estavam na parte lateral e poucos convidados estavam dançando. Não entendi por que não havia mais gente ali curtindo a festa.

Quando estava analisando a cena, percebi que Travis Kalanick estava em pé bem do meu lado. Virei-me para ele e disse:

— Por que não tem ninguém dançando?

Gritando por cima da música, apontei para as laterais, onde a maioria dos funcionários estava de pé, bebendo. Ele olhou para a pista de dança. Brinquei que era um desperdício de um bom DJ:

— Você deveria ir lá e chamar todos para dançar.

Voltei para a pista e dancei até a sola do pé ficar dormente. Kristin e eu ficamos até o final, quando acenderam as luzes e começaram a desmontar o palco.

Mesmo gostando da festa, não consegui deixar de pensar que algo estava errado. Entre as esquisitices durante a *Uberversity* e a ausência de alegria na festa, parecia haver algo bem estranho em relação à empresa, embora eu não conseguisse descobrir exatamente o que era. Tentei ignorar os alarmes na minha cabeça porque ainda nem tinha começado a trabalhar. A nova equipe começaria a trabalhar dali a alguns dias, e eu queria com todas as minhas forças estar errada sobre a Uber.

CAPÍTULO **SETE**

Quando desci do trem a caminho do escritório naquela segunda-feira, eu estava tão feliz que até saltitava. Nas últimas três semanas aprendera a implementar e buscar erros nos códigos nos servidores da Uber, além de encontrar e resolver problemas quando o software parava de funcionar e o aplicativo sofria um apagão. Agora eu estava pronta para começar a trabalhar para valer, resolvendo problemas reais e escrevendo códigos que entrariam no software do aplicativo da Uber. A poucos dias do Natal, queria mergulhar fundo e começar o trabalho antes de voltar ao Arizona para passar o fim de ano com minha família. Mal podia esperar para contar para minha mãe, irmãos e amigos sobre o novo emprego na Uber. Todos estavam muito orgulhosos de mim e bem felizes que a pequena Susan tinha se formado na Penn e conseguido um trabalho chique de engenharia no Vale do Silício. Vários amigos meus dirigiam para a Uber e eu queria perguntar a eles como eu poderia melhorar o aplicativo para os motoristas.

Na época, a Uber tentava mudar suas operações de computação dos próprios datacenters para provedores na nuvem. Os engenheiros da equipe de SRE na nuvem onde eu estava entrando não estavam familiarizados com a tecnologia específica para conseguir isso, mas eu já tinha feito esse tipo de transição, então eles estavam muito empolgados com a minha chegada. E o sentimento era recíproco. Eu sabia que mover a Uber para a nuvem não seria fácil, mas topava o desafio. A complexidade da empreitada me atraía: o software da Uber era incrivelmente complexo, mantido por milhares de engenheiros que o alteravam todos os dias. Mover as operações da Uber para a nuvem significava fazer mudanças no software sem atrapalhar milhões de viagens que aconteciam todos os dias: se fizéssemos besteira, elas poderiam sumir do sistema e os motoristas perderiam dinheiro. Havia muito em jogo. Era como reformar uma casa com os moradores vivendo nela: seria preciso trabalhar ao redor deles, sem perturbar a rotina da família. Tudo precisava ser arquitetado e planejado com extremo cuidado.

Eu ainda não tinha mesa perto da minha nova equipe, então quando cheguei naquela manhã fiquei em uma estação temporária perto de Rick, Clement e o restante da equipe, embaixo das luzes brilhantes e coloridas de Natal que alguns dos outros engenheiros e eu havíamos instalado. Antes de começar o primeiro grande trabalho na nuvem, ainda precisava cumprir algumas tarefas de SRE recebidas durante o *Engucation*, para me familiarizar com o processo de implementação de software da Uber. Isso tomou a maior parte da manhã. Depois do almoço, peguei o laptop e andei pelo escritório, procurando o melhor lugar para sentar e terminar a última tarefa. Não havia muita gente no escritório naquele dia; a maioria já se ausentara para as férias de Natal ou para "trabalhérias" patrocinadas pela empresa em destinos paradisíacos no exterior (a Uber estimulava os funcionários a trabalhar juntos no período de festas e oferecia viagens com tudo incluído para praticamente qualquer lugar do mundo se eles escolhessem o trabalho em vez

A DENÚNCIA

da família. Nem preciso dizer que escolhi minha família.) Acabei encontrando um cantinho aconchegante perto da cozinha, bem em frente ao escritório aberto e com uma bela vista do pátio. Coloquei a caneca de café no estofado ao meu lado com cuidado, ajeitei o computador no colo, estiquei as pernas e comecei a trabalhar.

Alguns minutos depois, apareceu uma notificação no canto superior direito da minha tela. Era uma mensagem do meu novo gerente, Jake, perguntando o status das tarefas de familiarização e se oferecendo para me ajudar a terminá-las, caso eu estivesse com algum problema. A tarefa específica na qual estava trabalhando naquele momento fora atribuída a mim por Rick: fazer a nova imagem de um servidor, o que significava apagar e reinstalar o sistema operacional e os softwares em um computador. Agradeci a oferta, expliquei que estava trabalhando com Rick para fazer a tarefa e certamente pediria a ajuda dele, se necessário. Depois da resposta, ele mudou de assunto.

Jake começou a falar das férias no Havaí que estava prestes a tirar, dizendo que estava "querendo relaxar e arrumar confusão".

"Não posso arranjar problemas no dia a dia. Tenho que pensar no trabalho", completou ele.

Levantei os olhos do laptop para o escritório diante de mim. Eu não fazia ideia do que ele estava falando. Tentei pensar em algo para responder. Antes disso, falei com ele duas vezes, antes, apenas brevemente. A primeira vez foi em uma saída com os novos funcionários e a segunda quando esbarrei nele na festa de confraternização. Jake parecia ser muito querido por outros colegas, e eu queria começar a convivência com o novo supervisor com o pé direito, então digitei: "É verdade, é verdade", torcendo para ser a frase certa.

Ele continuou: "E as férias têm algumas regras especiais no meu relacionamento. Ele é aberto, mas fica ainda mais aberto nas férias, haha."

Espere aí. *Como assim?*, pensei.

Precisei reler a mensagem algumas vezes para garantir que tinha entendido corretamente. *Ele não pode estar me contando sobre o relacionamento aberto dele.* Não é possível. Tentei ignorar e trazer a conversa de volta para a tarefa de familiarização na qual eu estava trabalhando, mas ele não me deixou mudar de assunto.

"Começou na base do 'cada caso é um caso'", disse Jake.

Meu queixo caiu; estava quase bufando, de tão irritada. *Ele realmente vai continuar com isso, não é?*

Sim, ele continuou.

"Quando começamos a namorar, há um ano e meio, fui a uma festa em Lake Tahoe. Uma garota com quem eu estava saindo também estaria lá, mas a minha namorada não. Ela disse que sexo era sexo e não tinha problema se rolasse algo naquele fim de semana."

Ai, meu Deus. Esse cara não existe, pensei.

"E eu retribuí o favor quando ela foi ao festival Burning Man."

Mas que diabos...?

"Sinceramente, é mais vantajoso para ela do que para mim..."

Não é possível que esse idiota seja o meu novo gerente, pensei. Desviei o olhar do laptop para a sala, esperando ver um colega, procurando qualquer pessoa a quem pudesse mostrar essa conversa, tentando encontrar alguém que pudesse servir de testemunha caso Jake continuasse, mas as mesas ao redor estavam vazias.

Merda, o que é que eu vou fazer?

"... já que ela pode fazer sexo em qualquer dia da semana..."

Pelo amor de Deus, pare...

"... enquanto eu preciso de um esforço hercúleo para fazer o mesmo..."

Ele não ia parar.

Eu sabia exatamente como aquilo terminaria. Coloquei as mãos de volta no teclado — apertei Command+Shift+4 — e comecei a tirar prints das mensagens que pipocavam na minha tela. Era algo

A DENÚNCIA

quase natural para mim a essa altura, desde o último ano em que estudei na Penn: fazer uma captura da tela, mandar por e-mail para mim mesma, mostrar para outra pessoa por precaução, fazer cópias de segurança em mais de um serviço da nuvem, imprimir uma cópia, repetir o processo.

Comecei a sentir náuseas quando percebi o que estava acontecendo. Eu queria acreditar que não era real, e sim apenas um mal-entendido; seguir em frente e não precisar lidar com aquilo. Mas não havia como interpretar incorretamente aquela situação. Contudo, senti uma onda de alívio quando lembrei que trabalhava em uma grande empresa, que tinha um departamento de recursos humanos. Na época, eu ainda acreditava que o RH existia para proteger funcionários, então tinha certeza de que, se eu denunciasse o que acontecera, não sofreria retaliações. Eles cuidariam disso com o mínimo de drama para que eu pudesse voltar a trabalhar e construir a estrutura computacional da Uber.

Quando saí do trabalho e voltei para casa naquela noite, pesquisei toda a documentação interna da Uber sobre relatar problemas ao RH até descobrir quem era a representante designado para nossa equipe de engenharia. Eu disse a ela que meu novo gerente tinha acabado de mandar uma série de mensagens sobre a vida sexual dele, que culminou em insinuações sexuais e eu precisava me encontrar com alguém do RH para relatar o que acontecera.

Não voltei ao escritório no dia seguinte. Fui direto para a sede da Uber, onde estava marcada a reunião com o RH. Quando cheguei, fui levada até os fundos do prédio e me vi diante de uma longa fileira de salas de reunião cujas janelas tinham um revestimento opaco para ninguém ver o que acontecia lá dentro. Um iPad ao lado de cada porta exibia as palavras "Reunião privada". Todas as salas estavam ocupadas.

De pé do lado de fora, esperei. As mesas ao redor estavam vazias até onde a vista alcançava. Sentei em uma das cadeiras disponíveis e imaginei como seria trabalhar nesse escritório chique e silencioso. Imaginei-me programando naquele silêncio, sem precisar de fones com cancelamento de ruído, mal sabendo que trabalharia naquele exato local poucos meses depois. Ainda estava perdida nesses devaneios quando uma das portas se abriu e uma mulher de cabelos castanhos calçando sapatos de salto alto veio na minha direção, estendendo a mão e perguntando:

— Susan?

Concordei com um aceno.

— Eu sou a Karen.

Demos um aperto de mão.

— Vamos conversar aqui — disse ela, apontando para uma das salas. Quando entramos, ela apertou um botão no iPad da sala e uma nova mensagem piscou na tela: "Reunião privada."

Sentadas uma de frente para a outra, ela pegou o computador para fazer anotações quando comecei a contar tudo o que acontecera. Mostrei o que Jake havia me enviado, dizendo:

— Ele é meu chefe e no meu primeiro dia na equipe ele mandou essas mensagens.

Expliquei o quanto isso me deixara extremamente constrangida; ela aquiescia, com olhar preocupado. Depois, Karen expressou seus pensamentos: sim, Jake estava mesmo fazendo insinuações sexuais, o que não só era inadequado como inaceitável e configurava assédio sexual. Ela me garantiu que a situação seria resolvida, e disse:

— Comece as suas férias de fim de ano *agora* e não conte a *ninguém* sobre o que aconteceu. Entraremos em contato quando você voltar.

Karen também me assegurou que o RH falaria com Jake, olharia as mensagens enviadas e faria uma pequena investigação

A DENÚNCIA

sobre o assunto. Ela me daria um retorno assim que o processo fosse concluído.

Seguindo as instruções, fui direto para casa e fiz as malas. Antes de sair para o aeroporto, mandei cópias das mensagens de Jake por e-mail para Karen. Ao relê-las, era impossível não pensar na estranheza da situação. Dizia a mim mesma que a Uber cuidaria do problema, mas, ao mesmo tempo, parecia haver algo extremamente errado naquilo tudo: no assédio descarado de Jake (*Por que ele se sentiu confortável para fazer esse tipo de insinuações sexuais logo no meu primeiro dia de trabalho?*, pensei), a reunião no andar de mesas vazias, na longa fila de salas ocupadas com "Reuniões privadas". O encontro com Karen me lembrou da conversa com a reitora de pós-graduação na Penn, quando ela me garantiu que tudo seria resolvido. Senti náuseas ao lembrar o resultado daquela reunião que destruiu os meus sonhos.

Enquanto passava o Natal no Arizona, a sensação de desconforto com a situação só aumentou. Meus amigos e familiares estavam empolgados com meu emprego chique e disparavam todo tipo de pergunta sobre como era trabalhar na Uber e se eu estava gostando. Não sabia o que dizer, e me perguntava: *Será que devo contar o que realmente aconteceu ou fingir que está tudo bem? Será que está tudo bem mesmo?* Ao falar com minhas irmãs sobre as mensagens e a reunião com o RH, me vi cada vez mais frustrada. Afinal, tinha trabalhado tanto e conseguido me formar em uma faculdade da Ivy League até arrumar um emprego de prestígio na startup mais valiosa da história do Vale do Silício — somente para descobrir que o Vale do Silício não era melhor do que o mundo que eu deixara para trás. Tinha trabalhando tanto e para quê? Para sofrer assédio sexual do meu novo gerente no primeiro dia de trabalho?

O réveillon passou e voltei ao trabalho junto a todos os outros funcionários. Como ninguém do RH havia entrado em contato comigo enquanto estava fora e o problema ainda não fora resolvido, cheguei ao escritório sem saber se era apropriado estar lá, que trabalho fazer ou mesmo se deveria continuar trabalhando — tudo parecia estranho; eu me sentia fazendo algo errado. Contei a Eamon, o gerente que tinha me recrutado, sobre o acontecido e implorei a ele que não dissesse nada ao RH, pois tinha prometido a Karen que não contaria o que acontecera a ninguém. Ele ficou horrorizado com a situação e pediu desculpas pelo comportamento de Jake. Dava para ver que ele se sentia muito mal por me colocar em uma equipe onde eu acabaria sendo assediada.

Enquanto esperava o resultado da investigação do RH, esbarrei em outro problema inesperado. Acabara de receber acesso a uma conta on-line para ver as ações que eu receberia (chamadas de RSU, ou unidades de ações restritas) como parte da minha remuneração. Quando entrei no sistema, fiquei chocada ao descobrir que o valor das RSUs era absurdamente menor do que Carter tinha me falado. Entrei em contato com a equipe de ações da Uber e eles confirmaram que Carter e sua equipe de recrutamento tinham inflado significativamente o valor das RSUs. Fui orientada a pedir ao RH e à equipe de recrutamento para ajustar o número de ações para que seu valor correspondesse à quantia que me fora prometida quando aceitei a oferta de emprego na Uber. Para isso, seria preciso mais do que dobrar o número de RSUs que eu recebera. Contudo, o RH e a equipe de recrutamento se recusaram a seguir a recomendação da equipe de ações. Segundo eles, eu deveria saber que, *em algum momento*, as ações da Uber acabariam alcançando o valor a mim prometido. (Comecei a escrever este livro depois da abertura de capital da Uber, e posso confirmar que o valor das ações não chegou nem perto da quantia que me prometeram: o recrutador da Uber

A DENÚNCIA

disse que o lote destinado a mim valeria aproximadamente US$ 183 mil, mas ele atingiu apenas US$ 21.500).

Fiquei atônita. O preço das ações fora o motivo para eu ter aceitado a oferta da Uber, e eu acabara de descobrir que tinha sido enganada. Com o preço real da ação, a remuneração despencara. Porém, reclamar com o RH não me levou a lugar algum, então fui orientada a procurar Charles, o diretor do departamento de SRE, e descobri que ele também fora enganado. Quando entrou na empresa, ele comparou o valor real das ações com o que prometeram e ficou furioso ao descobrir que este último foi aumentado artificialmente. Essa não era uma tática comum no Vale do Silício, disse ele. A maioria das empresas dá uma estimativa justa do valor de suas ações, mas ele acabou aceitando a prática da Uber: "Elas ainda valem muito dinheiro", disse ele.

Charles me aconselhou a deixar o caso para lá. Foi o que eu fiz.

Logo depois, fui convocada para uma reunião com Karen a respeito da queixa de assédio sexual, onde ela me disse que a Uber concluiu, depois da investigação, que Jake tinha mesmo me assediado sexualmente. Contudo, sua produtividade era alta, e aquela tinha sido sua primeira transgressão, então eles achavam melhor ter apenas uma conversa séria com ele. Depois, ela me deu uma "escolha": poderia permanecer na equipe da nuvem (ainda sob a gerência de Jake) — embora provavelmente fosse receber uma avaliação de desempenho ruim porque recusara a proposta de sexo e o denunciara ao RH — ou poderia me transferir para outra equipe de SRE.

Não acreditei no que acabara de ouvir; pedi a ela que repetisse, mas era aquilo mesmo. Respondi que a Uber não me dava muita escolha e disse que gostaria de continuar na equipe da nuvem, pois essa era a minha especialidade e o motivo da minha contratação. Além disso, argumentei que Jake não deveria ter permissão de

113

me punir por tê-lo denunciado ao RH. Karen imediatamente me interrompeu, dizendo que, "tecnicamente", eu não poderia alegar retaliação se Jake me desse uma avaliação de desempenho ruim porque a Uber estava oferecendo a "opção" de evitar represálias. (Como descobri depois, isso era uma mentira; me punir desta forma seria ilegal.) Depois de repetir que o que fora proposto não se parecia muito com uma escolha, decidi me transferir para outra equipe. Quando tudo acabou, ela disse que aquela reunião e todos os detalhes do que havia acontecido eram confidenciais, e eu não poderia falar sobre o fato com ninguém, por qualquer motivo. Essa última parte foi-me comunicada de um jeito como se eu estivesse violando o contrato de trabalho ou mesmo a lei ao discutir isso com outra pessoa (mais uma coisa que depois eu descobri não ser verdade). Na época, acreditei e fiquei assustada com o aviso.

Não pude ficar na equipe onde senti que poderia contribuir mais e, para piorar a situação, a escolha da minha nova equipe não caberia a mim. No meio dessa confusão, foi um breve alívio saber que Eamon fora designado pelo RH e pela SRE para ser meu chefe até eu mudar para uma nova equipe. Eu gostava de trabalhar com ele, pois era um gerente gentil e trabalhador, que sentia compaixão e se esforçava ao máximo para garantir que as pessoas trabalhando com ele fossem respeitadas e estivessem felizes e realizadas. Queria continuar com ele, mas as equipes que Eamon gerenciava diretamente não tinham vaga para mim. Pedi a Charles que me deixasse trabalhar com alguma das equipes relacionadas à nuvem, mas acabei entrando na recém-formada "equipe de consultoria de SRE".

Entre os mais de mil microsserviços da Uber, apenas os cruciais para a empresa tinham engenheiros SRE na equipe para garantir que o software estivesse sempre funcionando. As outras equipes de microsserviços, sem esses profissionais, precisavam desesperadamente deles, mas não havia funcionários suficientes para todos

A DENÚNCIA

(era mais fácil contratar engenheiros de software generalistas do que os especialistas em confiabilidade). A equipe de consultoria de SRE na qual eu tinha acabado de entrar fora criada para resolver este problema. Era a SWAT da engenharia da empresa: sempre que o software de um microsserviço importante se mostrasse não confiável e gerasse problemas no aplicativo, a consultoria de SRE entraria em ação para ajudar a equipe a corrigir o código, ou seja, trabalhávamos sob demanda. Como integrante desse novo grupo, eu não responderia mais diretamente a Eamon e sim a um gerente chamado Duncan.

Fiquei decepcionada e frustrada com a solução dada pela empresa. O RH confirmara que eu tinha sido assediada, mas acabei sendo punida por isso. Naquele momento precisei decidir se queria refutar a decisão do RH ou seguir em frente, ficar na minha, trabalhar duro e esperar que aquilo jamais se repetisse. Com amargura, me lembrei da experiência na Penn, quando levara a situação ao topo da hierarquia: acabei com meus sonhos destruídos e o diploma tirado de mim. Se eu lutasse contra aquela decisão, será que a Uber faria o mesmo e eu seria demitida, afastada ou, pior ainda, precisaria encontrar outra carreira novamente? Eu não estava pronta para abandonar a engenharia de software, o Vale do Silício ou a Uber e sentia que ainda não tinha dado uma chance real à carreira de engenheira de software. Decidi trabalhar com afinco e aprender o máximo possível, torcendo para conseguir deixar a situação para trás.

Depois de ser designada para a equipe de consultoria, fui transferida para uma área do escritório de engenharia quase completamente vazia — longe dos outros engenheiros SRE. Quando perguntei sobre minha nova mesa, um dos gerentes de SRE disse: "Você precisa de um tempo, e não queremos que esbarre com alguém da equipe da nuvem."

Olhei ao redor e não havia mais ninguém, exceto eu, completamente isolada por umas 12 fileiras de mesas. Senti-me um pouco sozinha e com saudades da diversão que experimentava ao lado dos outros engenheiros SRE. Para não ficar deprimida, disse a mim mesma que pelo menos daquele jeito eu poderia ficar na minha e evitar novos casos de assédio.

Certa manhã, ao andar em paralelo às fileiras de mesas vazias até a minha, notei outra pessoa sentada à pouca distância. Era um dos engenheiros da equipe da nuvem. Ele abriu um largo sorriso e disse "Oi", antes de botar fones de ouvido e começar a trabalhar. Ao longo das semanas seguintes, outros se juntaram a ele, mesmo sem que tivessem aprovação oficial para mudar de lugar e ocupar mesas próximas à minha.

"Não quero que você fique sozinha", disse um deles, antes de me dar um abraço. Eu não tinha contado a ninguém o que acontecera; não precisei. Contudo, isso não durou muito: após meia dúzia de pessoas, incluindo engenheiros da nossa equipe de consultoria de SRE, terem mudando suas mesas para perto de mim, fui designada para outro escritório, em um prédio a vários quarteirões de distância. Nos meses seguintes, a dança das cadeiras continuou. Sempre que protestava contra a decisão de me darem uma mesa distante, pedindo para ficar perto dos outros engenheiros SRE, recebia ameaças de demissão. Se eu continuasse lutando, não haveria mais lugar para mim na empresa, então aprendi a ficar quieta e deixei que mudassem minha mesa para a sede da empresa, onde estava cercada por equipes desconhecidas. Eu estava sozinha de novo.

Recusando-me a ficar totalmente isolada na Uber, fiz amizade com outras engenheiras, muitas pertencentes a um grupo chamado

A DENÚNCIA

LadyEng, fundado alguns anos antes de eu entrar. A maioria das mulheres que trabalhava em funções técnicas participava do LadyEng. O grupo não era muito formal; a maioria das interações acontecia em algumas salas de chat e em almoços nos refeitórios, mas, ao longo do tempo, todas passamos a nos conhecer.

Sempre que nos reuníamos, eu ouvia as outras mulheres falarem sobre casos de assédio e discriminação sofridos naquele momento ou no passado. Exatamente como eu, todas aprenderam do modo mais difícil que o RH existia para proteger a empresa em vez dos funcionários. Todas pareciam resignadas com o departamento de RH da Uber e sua política de não tomar providências em relação ao tratamento inadequado que receberam. Elas viam o ato de denunciar ao RH como uma simples formalidade que não levava a lugar algum, na melhor das hipóteses. Muitas até disseram que desistiram de denunciar, pois sabiam por experiência própria que sofreriam retaliação por parte do RH. Algumas histórias eram bem parecidas com a minha; isso não me chamou a atenção até uma das mulheres dizer que o gerente responsável por tratá-la de modo inadequado também se chamava Jake. Todas as peças se encaixaram e percebemos, pela primeira vez, que muitas de nós fomos assediadas ou recebemos tratamento discriminatório do mesmo gerente. Além disso, o RH repetiu o mesmíssimo discurso para cada uma de nós sempre que alguém o denunciava: "Esta é a primeira transgressão dele." Todas as mulheres fizeram como eu e acreditaram no RH quando ouviram a história de "primeira transgressão" de Jake.

Uma noite, saí para beber com outras mulheres do departamento de SRE e trocamos experiências.

Uma das colegas olhou para a própria bebida, deu uma risada amarga e disse:

— Ah, o Jake. Ele mandou essa merda pra cima de mim, também, dizendo: "Estou em um relacionamento aberto."

Todas demos um grunhido de raiva e eu disse:

— Nojento. Não acredito que ele também disse isso para você.

— Sabe o que eu fiz? — disse ela, às gargalhadas — Eu falei: "Ah, é? Metade de São Francisco também está. Você não é especial!"

Nesse dia, também estava conosco uma jovem engenheira chamada Laura, que trabalhava na nossa equipe como estagiária. Ela começara na equipe de testes do caos, responsável por um dos sistemas mais difíceis e confusos que a Uber tinha em funcionamento (sua função é testar a resiliência e a integridade de um sistema, simulando e identificando de maneira proativa possíveis falhas em um determinado ambiente antes que elas causem sua inatividade ou uma experiência negativa para o usuário). Qualquer outra pessoa teria fracassado nessa função, mas não Laura. Ela era determinada e durona demais para desistir. No fim do estágio, ela conquistou o respeito de todos os engenheiros do nosso departamento. A Uber ofereceu uma vaga efetiva e ela estava tentando decidir se aceitava ou não. Todas as mulheres da mesa insistiam para que ela aceitasse. Laura virou parte fundamental do nosso grupo e, para ser sincera, acho que nenhuma de nós pensava que poderia sobreviver sem ela. Por outro lado, eu me sentia péssima — até mesmo covarde e hipócrita — por estar sentada ali com Laura e as outras mulheres, dizendo para ela trabalhar conosco mesmo depois de trocarmos histórias de assédio sexual. Não suportava a ideia de vê-la sofrendo com assédios. Não deixaria que aquilo acontecesse e estava determinada a agir.

Meu pai costumava dizer: "Você precisa estar no mundo, mas não ser do mundo." Ainda consigo ouvi-lo dizer isso, com a voz calma

A DENÚNCIA

e confiante, e o sorriso no canto da boca. Foi o que ele tentou fazer ao longo da vida: viver *em um* mundo cheio de falhas, enquanto tentava seguir os padrões mais altos que estabelecera para si. Para ele, não bastava trabalhar duro, ir à faculdade e sustentar a família; era preciso ter um coração bom, e sempre tentar fazer o que é certo (independentemente das consequências) e ser um homem melhor a cada dia. Uma vez, quando estávamos andando pelo bairro em uma noite fria e deserta, ele me confessou o quão difícil era caminhar sobre a linha que ele traçara para si. Segundo ele, era muito mais fácil ser igual a todo mundo. Era muito mais fácil não fazer nada.

Eu não queria ser a pessoa que não agia, mas não tinha certeza do que poderia fazer, ou mesmo se *conseguiria* fazer algo. Depois de esquentar a cabeça em busca de respostas e falar com integrantes do LadyEng sobre o que acontecera não somente comigo como também com outras mulheres na empresa, eu ainda não tinha a menor ideia do que fazer. Então, decidi dar um passo de cada vez. Não podia sozinha consertar o RH ou mudar a cultura da empresa, nem fazer queixas em nome de todas as outras mulheres assediadas ou pressionar o RH em relação a essas denúncias — mas eu podia solicitar a reabertura do meu caso e lutar pra valer. Era óbvio que eles tinham feito besteira tanto no meu caso como nos anteriores, mas se eu pudesse convencer os líderes da engenharia de que a investigação fora mal conduzida, talvez o RH fizesse um trabalho melhor no futuro.

Decidi levar minha situação a um nível mais alto de hierarquia e marquei outra reunião com Charles. Para minha surpresa, ele já sabia o que acontecera com Jake e parecia estar a par até de seu protagonismo em outros casos de assédio (embora tenha insistido, assim como Karen, que as insinuações sexuais foram "a primeira transgressão dele"). Perguntei a Charles por que Jake não recebera punição, e a resposta foi a mesma que eu ouvira de Karen: ele tinha alto desempenho, era sua primeira transgressão e não seria justo puni-lo e talvez destruir sua carreira por algo que era apenas "um erro inocente". As frases eram as mesmas do discurso do RH: o fato de me tirarem da equipe de Jake não era retaliação, pois eu "tivera a opção" de ir embora, o que eu escolhera fazer. Durante a reunião feita em uma das salas protegidas por vidro opaco, ele me dirigiu um olhar duro e perguntou o que eu pretendia com aquilo tudo.

Confusa, hesitei, tentando entender o que ele estava insinuando.

— O que eu *quero*? — perguntei, esperando que ele explicasse melhor o que havia dito.

Ele respondeu calmamente:

— Sim, o que você está tentando conseguir com isso?

Respirei fundo e disse que não desejava mais ser alvo de represálias. Queria ficar na equipe da nuvem para trabalhar na minha especialidade, usando minhas habilidades para beneficiar a Uber e sua equipe de engenharia. Além disso, queria poder fazer meu trabalho sem ser assediada. Ele sacudiu a cabeça e disse que não poderia me colocar de volta na equipe da nuvem porque eu receberia uma avaliação de desempenho ruim por ter denunciado Jake ao RH e por recusar as propostas dele.

— Você não quer uma avaliação ruim, certo? — perguntou.

Eu me sentia falando com um disco quebrado. Ele apenas repetia as palavras de Karen vezes sem conta, não importava o que eu dissesse. Saí da sala de reuniões e voltei para minha mesa, com a certeza de que Charles não faria nada para me ajudar ou impedir que o mesmo tipo de assédio acontecesse a outras mulheres.

A DENÚNCIA

Por mais desmoralizante que fosse a situação, minha vida pessoal era feliz e não deixaria isso me abalar. Morava numa casa grande em Berkeley e passava todo o tempo livre estudando, tocando violino, além de me divertir conhecendo São Francisco com os amigos e, o melhor de tudo: estava me apaixonando.

Logo depois de ter me mudado, Chad Rigetti e eu nos conectamos pelo Facebook. O fundador da Rigetti Quantum Computing apareceu como "sugestão de amizade" depois da nossa entrevista e foi quando vi o rosto dele pela primeira vez. Eu não podia acreditar que *aquele* era o cara com quem eu tinha falado ao telefone quando ainda estava na Penn e procurava emprego. De cabelos louros, queixo bem esculpido, ombros largos e olhos cor de amêndoa, Chad era o homem mais lindo que eu já tinha visto. Eu o descrevi para minhas amigas como uma mistura de Michael Fassbender e Albert Einstein, "mas ele é mais gato que o Fassbender e mais inteligente que o Einstein", acrescentava com um sorriso bobo. Elas acharam que eu tinha enlouquecido.

Eu o adicionei como amigo e, para minha total surpresa, ele aceitou. Nos meses seguintes, à medida que a amizade no Facebook evoluiu para curtir fotos e atualizações um do outro, desenvolvi uma paixonite digna de colegial. Meu coração batia forte no peito sempre que ele publicava uma nova foto ou atualização sobre a empresa e sonhava acordada com a gente saindo juntos e falando de física e filosofia durante um jantar. Contudo, tinha certeza de que isso não passava de devaneios. Quando me mudei para a Califórnia, Chad entrou em contato e perguntou se eu gostaria de conhecê-lo e sua equipe no novo escritório da empresa em Berkeley. Não havia me esquecido daquela entrevista por telefone e estava empolgada para conhecê-lo, mas não queria levar a ambiguidade de uma paixonite para uma interação profissional, então recusei.

Todo Natal, eu mandava centenas de cartões para amigos, parentes e colegas. Para quebrar o gelo com Chad, decidi pedir o endereço dele e adicioná-lo à lista de destinatários dos cartões de boas festas. Até que ele me convidou para um brunch em um fim de semana de janeiro. Desta vez, não era um almoço com a equipe ou café no escritório — era um *brunch*. Cheguei ao pequeno café em Berkeley um pouco cedo e esperei por ele nervosa. Sei que algumas pessoas não acreditam em amor à primeira vista, mas assim que ele passou pela porta eu sabia que Chad era o amor da minha vida e estávamos destinados a ficar juntos. Passamos o restante da manhã nos conhecendo, falando do que mais gostávamos e dos nossos planos e sonhos para o futuro. Ele me contou do seu amor por música country e mostrou um vídeo de seu artista favorito, Garth Brooks, cantando "The River", enquanto eu falei da minha obsessão por filósofos antigos e do livro que estava lendo sobre os pré-socráticos (os primeiros filósofos da história, que viveram antes da época de Sócrates).

Desde o começo, tentei deixar explícito que não estava mais interessada em um emprego na empresa dele, pois estava feliz na Uber e queria (no mínimo) sua amizade. Na minha cabeça, eu dizia *Não quero um emprego, quero você*. Quando saímos do café e andamos pela rua, ele gentilmente segurou meu braço, sorriu e disse: "Vamos conquistar o mundo juntos."

Desde aquele momento, nos tornamos inseparáveis.

Naqueles primeiros meses de 2016 tentei dar o meu melhor na Uber, ficando na minha e me concentrando no trabalho do dia a dia. Contudo, isso ficou impossível no fim de março, quando ouvi um dos meus colegas dizendo que Jake contara às outras pessoas do departamento de engenharia de confiabilidade que eu o denunciara

A DENÚNCIA

ao RH por não conseguir "lidar" com um homem como ele. Nessa mesma época, ouvi que Jake tentara convencer a equipe a ir até um clube de striptease nas proximidades para almoçar, o que causara indignação não só na equipe, como em todos os outros engenheiros que o ouviram fazer o convite. Uma denúncia foi levada ao RH e até ao diretor de tecnologia da Uber, Thuan Pham. Mais uma vez, nada foi feito e, de novo, aos denunciantes foi dito que aquela era "sua primeira transgressão".

Àquela altura, muitos estavam descontentes com a Uber em geral por fazer vista grossa para as queixas e, em particular, com o RH, por acobertar comportamentos inadequados. Ashley, uma das minhas colegas e integrante da LadyEng, teve a coragem de levar as queixas à gerência de engenharia — a Charles e ao seu superior imediato, David. Quando nenhuma ação disciplinar foi tomada, ela e um gerente do nosso departamento marcaram uma reunião com Thuan Pham e perguntaram a ele por que o RH e os gerentes de SRE estavam escondendo as queixas debaixo do tapete.

Quando percebemos que nem o diretor de tecnologia faria algo a respeito, ficamos furiosas. Muitas de nós tínhamos denunciado o comportamento de Jake ao longo do ano anterior; os executivos da Uber sabiam dessas queixas, mas a empresa agia como se elas não existissem. Enquanto isso, o comportamento de Jake prejudicava o trabalho alheio, deixando a situação ainda mais absurda.

Eu e mais outros funcionários, homens e mulheres, que já tinham se queixado ao RH sobre Jake ou queriam fazer novas queixas sobre o comportamento, decidimos ir ao RH juntos. Queríamos todos no mesmo recinto — nós e o representante do RH, ao mesmo tempo — para responsabilizar a Uber. O RH, porém, não aceitou a reunião em grupo, alegando confidencialidade e privacidade. Sem nos abalar, seguimos a burocracia e agendamos reuniões sucessivas com o departamento de recursos humanos para que eles não pudessem mentir e dizer que havia apenas uma queixa sobre Jake.

Fiquei com a reunião do fim da semana. Como no último encontro com o RH, ele aconteceu em uma das salas de conferência na sede da Uber, com o iPad na porta piscando a mensagem familiar: "Reunião privada". Fui a primeira a chegar e peguei um lugar na grande mesa de reuniões. Quando estava começando a me perguntar se alguém do RH apareceria, uma mulher de cabelos escuros entrou pela porta e se apresentou como Jessica. Ela explicou que fazia parte da recém-formada "força tarefa contra o assédio" na Uber e tinha sido designada para outros casos, além do meu. Como da outra vez, sentadas uma em frente à outra, contei o que havia acontecido com Jake no meu primeiro dia de trabalho, a reunião com a Karen, a "escolha" ofertada entre mudar de equipe ou aceitar uma avaliação de desempenho ruim, e a falta de atitude de Charles quando levei a queixa a ele.

Ela concordava silenciosamente enquanto eu falava, mas quando acabei de descrever a situação, Jessica disse que não entendia o motivo daquela reunião.

— Pensamos que você estava feliz com a solução do problema — explicou ela, com um olhar consternado.

— Obviamente eu não estou contente. Quando fiz a denúncia e mostrei as mensagens, Karen disse-me que era a primeira transgressão do Jake, mas isso não era verdade.

— Era a primeira transgressão dele — insistiu a representante do RH.

— Não, não era — retruquei, sacudindo a cabeça. — E você acabou de ter uma série de reuniões com pessoas que denunciaram outros casos de machismo e assédio protagonizados pelo mesmo gerente.

Ela suspirou e, depois de uma longa pausa, repetiu o mesmo discurso que parecia decorado por todos os representantes de RH: quando Jake me assediara tinha sido a primeira transgressão dele;

A DENÚNCIA

por isso, eles não se sentiram confortáveis em puni-lo. Além do mais, eu não poderia alegar que sofrera represálias porque "nós demos a opção para você" sair da equipe. Em seguida, ela disse algo que eu não tinha ouvido antes e que me abalou profundamente:

— Na verdade, todos os outros funcionários vieram aqui para falar de *você* — disparou ela, levantando a sobrancelha.

Entrei em pânico, apavorada e envergonhada. Senti o rosto esquentar e sabia que havia ruborizado instantaneamente. *Será que isso é verdade? Será que todas as outras pessoas do grupo mentiram e fizeram queixas a meu respeito ao RH? Será que tudo isso está na minha cabeça?* Passei o final da reunião atordoada. Quando saí, comprei um maço de cigarros e sentei no meio-fio em frente ao prédio, com a cabeça apoiada nas mãos e as lágrimas escorrendo pelo rosto.

Eu me sentia tão envergonhada, e não conseguia parar de me perguntar se, na ânsia de conseguir justiça para o meu caso e mudar as coisas na Uber, não tinha ido longe demais. Sabia que ainda carregava muitos arrependimentos sobre o que havia acontecido na Penn, e estava frustrada com a forma como a Uber lidara com a situação com Jake. Será que deixara isso tudo atrapalhar meu julgamento? Estava cega para a realidade? Vasculhei minhas lembranças, à procura de quaisquer sinais de alerta que eu pudesse ter ignorado sobre meu julgamento e discernimento. Enquanto estava sentada lá, tentando desesperadamente descobrir o que tinha feito de errado, meu telefone começou a vibrar: eram amigos e colegas perguntando como tinha sido a reunião com o RH. Quando contei a eles o que Jessica dissera — que era a primeira transgressão de Jake, que ninguém havia reclamado dele, e sim de mim —, eles disseram que ela fizera exatamente o mesmo com todos eles.

A partir dali, abandonamos todas as esperanças de que o RH agiria contra Jake ou perante qualquer outro funcionário culpado de discriminação ou assédio. Nosso grupo se separou e paramos de conversar sobre o que estava acontecendo. Falar era humilhante demais e nos deixava assustados, zangados e, também, encurralados. Muitas das minhas amigas e colegas juraram nunca mais fazer denúncias ao RH. Decidi que, se algo mais acontecesse, continuaria documentando tudo e enviando ao departamento de pessoal, mesmo sabendo que eles não fariam nada (no mínimo, esperava que as denúncias trouxessem mais represálias). Sempre que outros funcionários me pediam conselhos, eu recomendava que fizessem o mesmo. Graças às conversas com advogados durante o incidente na Penn, eu sabia o quanto era importante documentar e denunciar tudo. Se houvesse um processo algum dia, seria preciso apresentar as denúncias documentadas e provar que a empresa nada fizera para resolver o problema. Afinal, sempre que assédio, discriminação ou retaliação acontecem no ambiente de trabalho, a culpa é da *empresa*, e não do indivíduo. Ela é legalmente responsável e, para fazê-la responder juridicamente por esse tratamento inadequado, era preciso garantir que a Uber sabia do tratamento inadequado imposto aos seus empregados e teve oportunidades para resolver a situação.

Não levou muito tempo para a Uber punir as pessoas que denunciaram Jake ao RH ou participaram do nosso grupo que se reunira com Jessica. Eamon — que denunciara Jake e também pressionara o RH, Charles, David e os executivos quando nenhuma ação disciplinar foi tomada — foi obrigado a deixar a empresa. A mensagem oficial dizia que ele "saiu para passar mais tempo com a família", mas todos nós sabíamos por que Eamon tinha sido mandado embora. Outro funcionário foi dispensado alguns meses depois. Poucos dias antes da demissão, ele me disse ter ouvido que não "trabalhava em equipe". Uma das mulheres do nosso grupo foi

A DENÚNCIA

ameaçada e sofreu assédio moral até chegar ao ponto da exaustão e precisar sair em licença médica pelos três meses seguintes.

Fui realocada novamente para outra mesa solitária longe de todos os engenheiros SRE, provavelmente a pedido do substituto de Eamon e do gerente acima do meu, um homem grande e prolixo chamado Kevin, que tinha trabalhado na Google com Charles e David por muitos anos. Pouco depois de começar a trabalhar na Uber, ele contou a uma das minhas amigas que não havia muitas mulheres na SRE porque elas não se interessavam de verdade pela área.

CAPÍTULO **OITO**

Eu não sabia o que fazer. Estava óbvio que a Uber era um lugar tóxico para trabalhar, mas eu só estava na empresa havia alguns meses e, mesmo que quisesse ir embora, não podia fazer isso depois de ter saído da Plaid e da PubNub tão rapidamente. A única opção parecia tentar dar o melhor de mim para sobreviver, chamar o mínimo de atenção possível, trabalhar a ponto de minha contribuição não poder ser negada e esperar que tudo melhorasse.

Depois de ficar na equipe de consultoria de SRE por meses, notei que todas as equipes de engenharia que eu estava ajudando sofriam de problemas similares nos softwares. Fiz uma lista dos mais significativos — os que faziam os microsserviços pararem de funcionar, derrubando ou deixando o aplicativo insuportavelmente lento — e escrevi as formas de resolvê-los. A partir de então, sempre que encontrava uma nova equipe, eu me reunia com eles, olhava o código, avaliava a arquitetura dos microsserviços e conferíamos os itens da minha lista um a um. Ao fim da reunião, tínhamos uma ideia bem razoável do problema, bem como um plano definido e detalhado para resolvê-lo.

O processo estava funcionando tão bem que me perguntei se seria possível fazer uma lista de verificação para toda a empresa. Se ela fosse implementada, a Uber não precisaria de uma equipe da SWAT para consertar tudo: cada equipe conseguira resolver os próprios problemas. A diferença seria imensa: as equipes que gerenciavam os microsserviços nem sempre sabiam que outros já tinham encontrado a solução para aqueles problemas.

Além disso, não havia padronização em toda a empresa para a construção dos sistemas de software. Havia mais de mil microsserviços independentes, a cargo de incontáveis equipes de engenharia — e todos precisavam trabalhar juntos para que o aplicativo da Uber funcionasse corretamente. Esses microsserviços nem sempre trabalhavam em conjunto como precisavam, e a falta de padronização era o principal motivo. Sempre que esses sistemas falhavam (porque não atendiam a padrões básicos de construção de softwares confiáveis), passageiros eram abandonados, motoristas não eram pagos e destinos se perdiam no meio da viagem. Isso não era apenas um exercício acadêmico sobre otimização: havia consequências bem reais para esses fracassos, e eu estava empolgada com a perspectiva de melhorar as experiências dos nossos passageiros e motoristas.

Com o levantamento dos problemas em mãos, percebi que se listássemos padrões de arquitetura que fizessem sentido para cada equipe e sistema de software, todos os sistemas interconectados funcionariam melhor e seriam mais confiáveis. Mas isso não seria o bastante, pois as equipes ainda precisariam se responsabilizar pelo cumprimento desses padrões. Eu me perguntava se seria capaz de criar um sistema para garantir que os microsserviços estivessem "prontos para a produção" (isso é, on-line e integrados ao aplicativo da Uber) se atendessem, digamos, noventa por cento ou mais dos padrões da minha lista.

A DENÚNCIA

Engenheiros da empresa listaram os padrões usados por suas equipes. Rick, inegavelmente um dos melhores da Uber, tinha sido o primeiro a fazer uma lista ampla de padrões que todas as equipes com as quais ele trabalhava deviam usar, a fim de deixar os microsserviços prontos para a produção. Outro engenheiro SRE chamado Paul também tinha enumerado padrões desse tipo e conseguira até automatizar o processo. Com a ajuda deles e dos meus colegas da equipe de consultoria de SRE, voltei à prancheta e olhei os padrões que Rick e os outros tinham criado, verifiquei minha listinha, os limiares que calculei e o maior problema enfrentado pelos nossos microsserviços, e comecei a pensar em uma combinação de tudo isso — algo que pudéssemos aplicar de modo a padronizar todos os softwares da Uber.

Usei minha posição na equipe de consultoria para experimentar o novo sistema com outros grupos e, depois de muita tentativa e erro para achar a combinação perfeita, fiquei feliz ao ver que os novos padrões fizeram um grande sucesso. Fiz então uma parceria com outras equipes que buscavam a adoção interna ampla, e uma das mulheres que haviam entrado recentemente para o departamento de SRE, Roxana, automatizou de forma brilhante todo o sistema de padronização. Ela trabalhou com centenas de equipes de software para garantir que tudo funcionasse perfeitamente, deixando o processo de mudar os softwares para os novos padrões da Uber fácil e divertido para os engenheiros.

A empresa costumava recompensar os engenheiros que exemplificavam seus 14 valores culturais, entregando um prêmio por cada um deles alcançado. Ser premiado era muito importante dentro da empresa, pois não apenas significava que você era reconhecido pelo seu trabalho (algo raro em uma companhia com milhares de engenheiros) como provavelmente ser promovido e/ou receber um grande bônus na avaliação de desempenho seguinte.

O trabalho de Roxana no sistema de padronização automática foi extraordinário e melhorava diretamente a confiabilidade de todos os softwares da Uber, então eu a indiquei para um dos prêmios. Quando saiu o resultado algumas semanas depois, conferi a lista, ansiosa para ver o nome de Roxana, mas outra pessoa recebera o prêmio. O vencedor era uma pessoa com quem eu já tinha trabalhado; não podia acreditar que ele ganhara. O trabalho dele estava longe de ter o mesmo impacto que o dela. Não fazia o menor sentido.

Confusa com o resultado, entrei em contato com o comitê de premiação, mas, antes de fazer isso, conferi a lista de ganhadores anteriores e notei que havia poucas mulheres nela. Também falei com outras engenheiras na empresa e fizemos uma pesquisa informal sobre quantas vezes tínhamos indicado outras mulheres para os prêmios. Pelos nossos cálculos, parecia que as mulheres tinham sido indicadas com a mesma frequência que os homens, mas receberam muito menos prêmios. Em resposta a isso, o diretor de engenharia de software que gerenciava o comitê de premiação disse que as mulheres não ganhavam porque elas não sabiam escrever as indicações. Como sentira algo familiar na forma desdenhosa pela qual ele dissera aquilo, pesquisei o nome dele no diretório da empresa. Tive um ataque de riso quando vi a foto do homem no sistema: era o mesmo diretor de engenharia de software que fez todas as mulheres saírem do palco durante o jogo de "pessoa mais interessante" na minha *Uberversity*.

Quando eu e outras mulheres da LadyEng pressionamos, ele sugeriu que fosse criado um prêmio exclusivo para as mulheres da Uber. Lutei muito contra essa proposta ridícula até ela ser descartada. Posteriormente, ajudei outras mulheres a escrever indicações para suas colegas, garantindo que outras pessoas lessem as indicações de modo que o diretor de engenharia que dava os prêmios não

A DENÚNCIA

pudesse alegar que as indicações foram mal escritas. Finalmente, Roxana e outras mulheres foram premiadas por suas conquistas.

Mais ou menos nessa época, virei o que ficou conhecido como *bar raiser* na Uber — uma analista de padrões corporativos. A ideia era que todo novo contratado deveria "levantar os padrões" na empresa, mas alguns de nós brincávamos dizendo que estávamos lá para levantar o padrão das entrevistas — na verdade, como elas eram conduzidas. Na Uber, os *bar raisers* agiam como uma terceira parte objetiva em cada entrevista: eles estavam lá para garantir que não haveria qualquer discriminação (de gênero, raça etc.) durante o processo de contratação, e que os candidatos atendiam aos valores culturais e padrões da Uber. Além disso, eles eram as únicas pessoas que tinham autoridade para vetar uma contratação, mesmo se todos os outros entrevistadores aprovassem o candidato. Eu levava esse trabalho muito a sério, acompanhando cerca de três entrevistas por semana e garantindo que elas fossem conduzidas de forma justa.

O trabalho não era fácil, mas valia muito a pena. Eu alternava setores em toda a empresa, raramente entrevistando candidatos para as mesmas equipes. Cada entrevista era como ser jogada em uma empresa completamente nova — uma onde não conhecia ninguém — e tinha que ouvir cuidadosamente o que dizia cada entrevistador enquanto auditava o processo. Antes de cada reunião, fazia uma lista mental de tudo o que precisava prestar atenção: garantir que os entrevistadores não discriminassem candidatos por gênero, nacionalidade, orientação sexual; que não dispensassem quem tinha um sotaque estrangeiro; ou perguntassem sobre família e filhos (o que os gerentes às vezes se referiam como "outras obrigações fora do trabalho").

Logo aprendi que meus esforços não eram bem-vindos. Kevin, o chefe do meu chefe, odiava o meu trabalho como *bar raiser*.

Ele e meu gerente imediato, Duncan, disseram repetidamente o quanto detestavam o programa e o fato de eu estar envolvida nele. Lutei para continuar lá porque sentia que estava fazendo algo importante para transformar a Uber em um lugar melhor, mas não adiantou. Kevin e Duncan deixaram explícito que eu seria demitida se continuasse a participar do programa, e precisava inventar um motivo para sair a fim de não pegar mal para eles.

— Basta dizer que está ocupada demais — recomendou Duncan, dando de ombros.

Acabei desistindo para manter o emprego, mas não fiquei feliz com isso.

Sentia orgulho do trabalho na equipe de consultoria. À medida que as equipes começavam a reorganizar e depurar o código para aderir aos novos padrões de preparação para produção que seriam utilizados por toda a empresa, observamos os períodos de queda dos microsserviços diminuírem cada vez mais. Quando me perguntava se poderia tornar o processo de padronização genérico o suficiente para que outras empresas o usassem, obtive permissão do departamento jurídico da Uber e dos meus gerentes para compartilhar meu trabalho com outras empresas no Vale do Silício. Quando elas também tiveram grande sucesso ao usá-lo, consegui um contrato com a O'Reilly Media, a principal editora em engenharia de software, para transformá-lo em livro.

Fiquei empolgadíssima. Não podia acreditar que ia escrever um livro e estava prestes a realizar o antigo sonho de ser escritora. Trabalhava no escritório da Uber o dia inteiro e, no fim do dia, voltava para a grande casa laranja em Berkeley, onde escrevia até o início da manhã. Foi quando descobri que eu atendia aos requisitos para entrar no programa especial de pós-graduação

A DENUNCIA

em ciência da computação em Stanford (a Uber mantinha uma parceria com a universidade para funcionários com altos índices de desempenho): me matriculei e comecei a fazer minha primeira aula real de engenharia de software. Além do curso, do trabalho e da escrita, eu continuava estudando por conta própria sistemas operacionais, networking, teoria das categorias e novas linguagens de programação, como Lisp e Go. Mesmo com a situação piorando no trabalho, tentei ignorar as partes ruins da Uber e me concentrar nas coisas boas da minha vida.

O pouco tempo livre que tinha eu passava com Chad. Fazíamos longas caminhadas, andávamos de caiaque, íamos a jogos de beisebol e dividíamos os detalhes da semana um com o outro. Nós nos apaixonamos loucamente nos últimos meses. Chad também estava ocupado, pois a startup se expandia rapidamente e ele tinha acabado de conseguir fundos na primeira grande rodada de investimento feito por capital de risco. Ele trabalhava de 12 a 14 horas por dia, desde antes do nascer do sol até depois de anoitecer. Eu nunca tinha encontrado ninguém tão dedicado ao trabalho: ele amava tudo o que fazia, adorava os funcionários e o que eles estavam construindo juntos.

A forma pela qual Chad se sentia em relação ao que fazia e a cultura que implantava em sua empresa contrastava imensamente com o que eu sentia em relação a Uber. A Rigetti Quantum Computing e a Uber Technologies estavam em lados opostos. Chad desejava que sua empresa fosse cheia de alegria, um lugar na qual as pessoas vinham trabalhar empolgadas e apaixonadas pelos desafios técnicos de construir computadores quânticos e pelo trabalho em equipe para resolver problemas difíceis. A Uber, por sua vez, era uma empresa movida a agressividade determinada a acabar com a concorrência a qualquer custo. Parecia que as pessoas iam trabalhar para destruir em vez de construir.

Boa parte do sucesso da Uber vinha de um desrespeito agressivo pela lei. Travis Kalanick e sua equipe trabalhavam em cidades pelo mundo sem permissão, descumprindo e desrespeitando leis e regulamentos descaradamente, tudo em nome da "ralação" e da "disrupção". Infelizmente, como senti na própria pele, a agressividade que tinha levado ao sucesso meteórico da Uber também era direcionada aos funcionários de cargos inferiores na empresa. Desrespeitar leis, regras e regulamentos estava tão entranhado na cultura da Uber que os gerentes da empresa pareciam acreditar que as regras não se aplicavam mais a eles, incluindo leis trabalhistas e a mais básica decência humana. Repreender, insultar, debochar e ameaçar funcionários eram comportamentos comuns e impunes. Promoções, bônus e elogios eram muito usados para manipular funcionários, o RH e outros gerentes. Depois de uma das minhas colegas ter recebido uma promoção, ela me contou que tinha certeza de ter subido na carreira porque o gerente tinha acabado de ser repreendido por assédio sexual e "estava tentando acobertar o próprio erro".

A dinâmica de poder dentro da empresa era digna de sociopatas. Todos os gerentes competiam pelo cargo dos chefes que, por sua vez, tentavam conseguir os empregos de seus *próprios* superiores. Nada era proibido nesses pequenos jogos de poder: desde sabotar projetos e espalhar rumores até usar funcionários como peões. Não havia esforço algum para esconder essas lutas pelo poder dos engenheiros iniciantes, como eu. Pelo contrário; os gerentes contavam tudo e éramos nós que acabávamos pagando o pato. Esses jogos de poder tinham consequências importantes: projetos eram abandonados sem aviso, desperdiçando milhares de horas de trabalho árduo, e os objetivos e projetos da empresa mudavam tanto que raramente sabíamos no que deveríamos trabalhar. As equipes eram dissolvidas e os engenheiros mudavam de um departamento para outro cons-

A DENÚNCIA

tantemente. Brincávamos dizendo que era um milagre o aplicativo funcionar. A empresa era um caos completo.

Os gerentes muitas vezes desprezavam os problemas com a cultura da empresa, alegando que era comportamento normal de startup, mas o que acontecia na Uber estava muito além de tudo o que fosse considerado remotamente aceitável em outras empresas no Vale do Silício. Eu contava detalhes do que estava acontecendo a Chad, meus amigos e parentes. Embora acreditassem em mim, muitas vezes eles diziam que era tudo tão distante do comportamento normal e aceitável no trabalho que até parecia mentira. Em empresas normais e funcionais, quando algo de ruim acontecia, havia sistemas e medidas para evitar que transgressões individuais virassem problemas sistêmicos. Na Uber não existia isso. Sempre que algo ruim acontecia, como assédio sexual, abuso verbal ou outra forma de perseguição, em vez de o problema ser resolvido, ele era jogado para debaixo do tapete. Correndo solto e impune, o comportamento tóxico aos poucos apodreceu e infectou o restante da empresa como uma doença que, gradualmente, distorcia a bússola moral de funcionários e gerentes, que olhavam para as pessoas ao redor e viam refletida nelas sua própria visão distorcida do mundo, o que apenas reforçava seus terríveis comportamentos.

Era de conhecimento geral que toda a confusão vinha de cima. Parecia que Travis Kalanick e Thuan Pham gostavam de ver os funcionários lutarem entre si. Sempre que eu me reunia com o gerente do meu gerente, Kevin, ele contava que Charles, o chefe dele, estava prestes a sair e que o chefe de Charles, David, tinha garantido a Kevin que a vaga seria dele em breve. Depois, quando me reunia com o Charles, eu ouvia que David estava de saída e Charles logo assumiria o lugar dele. E eles não falavam isso só para mim; quase todos os meus amigos dentro da empresa ouviam o mesmo. E nunca vou me esquecer da reunião que minha equipe teve com David logo depois de a Uber anunciar que a empresa sairia da China naquele verão. Lá, ele comentou que tinha sido convidado por Travis para a casa dele, onde ficara sabendo da história da China. Antes de David ir embora, Travis teria pedido a ele para não contar nada a Thuan. David então se gabou para as vinte e poucas pessoas no recinto que ele guardara o segredo e agora tinha certeza de que Travis o colocaria como diretor de tecnologia da empresa.

Além da discriminação, do tratamento inadequado e das lutas pelo poder, o ritmo de trabalho era intenso e contínuo. Em maio de 2016, quando Arianna Huffington entrou para o conselho diretor, a Uber tinha comprado tantos exemplares do novo livro dela sobre a importância do sono que os escritórios não tinham mais onde guardá-los. Havia exemplares de *A revolução do sono* em cada mesa, ocupada ou vazia, e nas cozinhas — lembro de ir à cozinha do escritório para tomar café da manhã e ter que empurrar pilhas de livros para alcançar a comida e o café. Para muitos de nós era uma piada doentia que a Uber promovesse um livro sobre a importância de trabalhar menos, tirar cochilos e dormir mais, quando a maioria dos seus funcionários trabalhava mais de 12 horas por dia e motoristas do aplicativo faziam turnos perigosamente longos para ganharem bônus.

Ao longo dos meses, diversos protestos contra a Uber, com até centenas de pessoas, ocuparam a calçada em frente à sede da empresa. A polícia guardava a entrada, garantido que nenhum dos manifestantes entrasse no prédio. Embora alguns executivos usassem uma porta lateral para fugir dos protestos, os funcionários tinham que sair pela porta da frente e passar pelos manifestantes, com quem tive vários encontros preocupantes. Uma vez, um deles me seguiu da sede da empresa até a estação de trem para cuspir em mim. Em outra ocasião, um grupo de jovens me perseguiu com as câmeras dos celulares ligadas, perguntando se eu achava que a Uber explorava os motoristas e gritando:

— Prepare-se para viralizar, vadia!

Os manifestantes não foram os únicos a me perseguir naquele fim de verão. Também fui seguida até em casa por um repórter agressivo perguntando o que eu sabia sobre a Uber encerrar as operações na China.

No início daquele ano, alguém tinha vazado informações ao *BuzzFeed* sobre estupros e outras agressões sexuais que aconteceram em carros do aplicativo. Em resposta a isso, a Uber mandou um detetive particular à casa de uma antiga representante do atendimento ao cliente da empresa chamada Morgan Richardson, que eles acreditavam ter sido a fonte do vazamento. O detetive particular importunou a Sra. Richardson e até entrou na casa dela ilegalmente. Quando ela denunciou isso à imprensa e à polícia, a Uber confirmou que tinha contratado o detetive e defendeu as ações dele, alegando que a empresa tinha "a obrigação de agir em situações como esta". A maioria dos funcionários parecia desdenhar da situação, como sempre faziam com os artigos criticando a Uber na imprensa. Ouvi alguns colegas dizendo que era tudo mentira e esses boatos eram espalhados porque a imprensa estava determinada a destruir a Uber, mas a maioria dos funcionários, como eu e meus amigos, ficava de boca fechada; raramente falávamos algo sobre a empresa que pudesse ser considerado negativo, pois tínhamos certeza de que as comunicações internas eram monitoradas.

Foi nessa atmosfera competitiva, agressiva e paranoica que, durante o verão, Kevin me colocou em um cargo onde, mais uma vez, eu era a única engenheira SRE e precisava dar suporte a outras trinta equipes de engenharia de software. Isso significava que, se surgisse algum problema no código, eu era responsável por resolvê-lo imediatamente, não importava a hora do dia ou da noite. Com essas novas demandas, minha vida pessoal começou a degringolar. Precisei deixar de lado o trabalho no meu livro, parei de fazer aulas de violino e não tinha mais energia suficiente para estudar por conta própria. Era como na Plaid, em que todo momento da minha vida acordada se resumia a um trabalho árduo, infinito e contínuo. Eu mal conseguia dormir e, não raro, virava a noite trabalhando. Para piorar a situação, equipes com as quais eu trabalhava estavam cheias de gerentes e engenheiros cujo comportamento beirava o abusivo. Se eu não resolvesse algo imediatamente porque estava ajudando outra equipe, eles gritavam comigo, ameaçando me denunciar a Kevin por "não fazer o trabalho". Às vezes, Kevin me defendia na frente dos gerentes abusivos, mas me criticava, sem qualquer motivo, alguns dias depois.

As agressões que recebia dos meus gerentes pioravam a cada dia. Tinha medo de ir trabalhar, sabendo que gritariam comigo nas reuniões, dizendo que eu não estava "trabalhando direito" e nem "o suficiente," mesmo fazendo tudo o que me pediam. Eu não era a única a me sentir assim. Quando contei aos meus amigos das outras equipes de SRE o que estava acontecendo, eles disseram ter os mesmos problemas. Quase todos tinham começado a fazer terapia devido à ansiedade ou depressão relacionada à cultura do trabalho na Uber; todos os engenheiros que estavam na empresa há mais tempo pareciam ter pensamentos suicidas. Isso me assustou porque eu também começava a desenvolver ansiedade e transtorno de estresse pós-traumático causado pelo trabalho e não queria piorar a minha saúde mental.

À medida que o tempo passava e a situação na empresa ficava cada vez mais insuportável, a ansiedade e o estresse da Uber afetaram a minha vida pessoal, ameaçando destruir o meu relaciona-

A DENÚNCIA

mento mais importante. Um dia, Chad e eu estávamos discutindo sobre algo que nem era importante, mas que descambou para uma briga séria. Eu estava tão na defensiva e me senti tão atacada que o meu coração se acelerou. Percebi que esperava alguém gritar comigo, como acontecia no trabalho. Todos com quem eu trabalhava eram agressivos e muitas vezes me ameaçavam, insultavam ou gritavam comigo, mas o Chad não era assim: ele nunca me insultou e jamais levantaria a voz para mim. Naquele momento, eu não conseguia entender por que me sentia daquele jeito, e acabei deixando para lá.

Naquele mesmo dia, entrei em outra briga, agora com minha mãe; a discussão também surgiu de uma discordância em relação a algo relativamente sem importância — e mais uma vez, meu coração disparou: fechei os olhos e trinquei os dentes, esperando que ela gritasse comigo. Percebi que estava tendo um ataque de pânico. Senti uma pontada no peito, não conseguia respirar e minha pressão sanguínea estava tão alta que mal conseguia ver o ambiente ao meu redor. Vivia tão ansiosa, à espera de repreensões, que estava surtando. Quando me acalmei, analisei o que tinha acontecido. Não fazia sentido! Eu e minha mãe discutíamos de vez em quando, mas a minha reação fora totalmente desproporcional à seriedade da briga.

Foi quando me dei conta: estava tão acostumada a ser recriminada nas reuniões de trabalho que me transformara em uma pessoa amedrontada, sempre na defensiva e em pânico. Na Uber, discordar da gerência sobre *qualquer assunto* gerava uma repreensão de um jeito ou de outro, então passei a antecipar suas reações; tinha um ataque de pânico sempre que precisava discordar deles. Da mesma maneira, concordar com a chefia quase sempre me levava a ser censurada, pois me mandavam fazer algo, eu fazia e depois levava uma bronca por ter feito. Tentava me defender — raramente, com sucesso. Quando me insultavam, explicava por que o insulto era errado. Sempre que me repreendiam ou diziam que eu não fazia meu trabalho, eu listava o que estava fazendo bem, e explicava que, na verdade, era boa no meu trabalho. Nada que eu dissesse ou fizesse os levava a mudarem de ideia.

Eu era uma pessoa tímida, introvertida e odiava confrontos. Para sobreviver à cultura violenta da Uber, precisei ser menos sensível e muito mais agressiva (e defensiva) do que gostaria. Ao abrir mão das minhas partes gentis, sensíveis e tranquilas, eu temia estar me transformando nas pessoas de quem eu não gostava: o tipo de gente que gritava em reuniões e brigava no trabalho o dia inteiro. Eu não gostava nem me sentia orgulhosa da jovem cansada, amarga e furiosa cujo rosto eu via no espelho todas as manhãs. Minha natureza era alegre, feliz, empolgada, apaixonada: essa era a pessoa que desejava e precisava ser, mas não sabia como me reencontrar. Estava perdida, sozinha e terrivelmente assustada.

A situação na minha equipe piorava cada vez mais. Duncan continuava a me repreender nas reuniões, dizendo que mesmo sendo uma péssima engenheira, eu poderia melhorar. Depois, eu me reunia com Kevin e ouvia o mesmo. Segundo ele, poderia ser uma engenheira decente se me esforçasse para isso porque ele se recusava a acreditar que faculdades da Ivy League davam diplomas para gente burra. Com o tempo, deixei de argumentar; não tinha mais energia. Não discordava deles, nem tentava mais me defender quando me insultavam. Apenas recebia as agressões, ia direto para o banheiro depois de cada reunião, entrava em uma das cabines vazias e chorava.

Sabia que o único jeito de sobreviver na Uber era me transferindo para outro departamento. Os boatos diziam que algumas

A DENÚNCIA

equipes da empresa eram diferentes, com engenheiros felizes e realizados, que amavam seus empregos e seus gerentes. Queria desesperadamente fazer parte de uma delas. Afinal, tinha avaliações de desempenho perfeitas, jamais perdera um prazo ou deixara uma tarefa por terminar; construíra uma boa reputação e fazia um bom trabalho. Portanto, estava confiante de que encontraria um grupo que me quisesse. Fiquei feliz da vida ao descobrir que havia equipes incríveis para escolher, com gerentes que me consideravam uma boa engenheira e gostariam que eu trabalhasse com eles. Quando escolhi a equipe (uma das mais novas da área de nuvem), onde eu finalmente poderia trabalhar no que tinha sido contratada para fazer, a transferência foi sancionada pelo RH e pelo gerente da equipe. O último passo necessário era Kevin aprovar a mudança. Para minha imensa surpresa, ele disse não.

Na reunião seguinte, eu o confrontei.

— Por que você impediu minha transferência? Considerando meu índice de desempenho, tenho todo o direito de me transferir. É política da empresa. Você não pode fazer isso. Não é certo — questionei-o, com firmeza.

Ele sacudiu a cabeça, seu rosto tornando-se vermelho.

— Como seu gerente, posso impedir sua transferência para outra equipe a qualquer momento.

— Mas por quê? Não há motivo para isso. O outro gerente me quer na equipe dele e a transferência já foi aprovada por todos os outros setores. Tenho uma avaliação de desempenho perfeita. Nunca perdi um prazo, cumpri todas as minhas metas. Só preciso que você diga que eu posso ir.

— Não vou transferir um problema de desempenho! — gritou ele.

— Que problema de desempenho? Tem a ver com o meu trabalho, algo que não estou fazendo certo no escritório? — perguntei, confusa.

Ele não respondeu às perguntas e começou a falar da diferença entre gerentes de projeto e engenheiros e de como havia pessoas no departamento de SRE que se consideravam "engenheiros de verdade" por terem o título de engenheiro.

— Você tem o que gosto de chamar de "problema de desempenho não documentado". Você não é técnica o bastante. Não escolhe trabalhos técnicos. Você não é engenheira de verdade, é gerente de projetos.

— Mas é você quem distribui as tarefas. Se você quer que eu faça algo diferente, por que não muda as minhas atribuições? — perguntei.

Disse para ele olhar os projetos adicionais que eu tinha feito no meu tempo livre: criei novas arquiteturas de sistemas para as equipes e compilei os padrões de arquitetura de software que eram usados *por toda a empresa*.

Ele levantou as mãos, exasperado.

— Problemas de desempenho nem sempre têm a ver com o *trabalho*, mas podem estar relacionados a algo *fora dele* ou na vida pessoal. Algumas pessoas têm *algo* que são problemas de desempenho em si. Não está relacionado ao cargo ou ao tipo de trabalho que fazem, mas a *quem elas são*.

Naquele momento eu sabia exatamente o que ele queria dizer. Outros engenheiros SRE que trabalharam com Kevin já tinham me falado que ele não acreditava que mulheres pudessem ser SRE *de verdade* apenas por causa do gênero, e agora ele estava basicamente dizendo isso na minha cara.

Levei a situação até o alto da hierarquia, lembrando a todos que era política da empresa deixar um funcionário se transferir se ele estivesse acima de um determinado limiar de índice de desempenho. Contudo, quando levei a questão a Charles, ele disse que tinha trabalhado com Kevin por anos na Google e confiava

A DENÚNCIA

no julgamento dele. Quando procurei o chefe de Charles, David, ele disse o mesmo. Todos trabalharam juntos na Google e confiavam no julgamento uns dos outros. Se Kevin achava que eu tinha um problema de desempenho, mesmo se não houvesse qualquer documentação ou prova, então *eu* era o problema de desempenho.

O ano avançava e a situação não melhorava. Os abusos verbais eram agora corriqueiros nas reuniões.

— Como você pode ter sido contratada? — perguntou Kevin, dizendo que a Uber devia ter diminuído os padrões para novos funcionários. A ele se seguiram comentários de uma segunda pessoa — "Você não é uma engenheira muito boa" — e de uma terceira — "Você não é engenheira de jeito nenhum". E havia o meu favorito: "Eu sei que existe uma engenheira aí em algum lugar, se você conseguir encontrá-la."

Tentei bloquear tudo o que Kevin, Duncan e outros gerentes me diziam, e me concentrar nas partes boas da vida: meu relacionamento, meu livro, minha educação e o verdadeiro trabalho que eu estava fazendo, que ia bem. Mesmo assim, não conseguia evitar que a negatividade e os insultos me afetassem, não importa o quanto eu tentasse. Chegou ao ponto de eu não mais conseguir segurar as lágrimas para depois das reuniões: me via enxugando o rosto ali mesmo, esperando que ninguém notasse. Ia para casa depois do trabalho e chorava até dormir. Em dias como aqueles, pensava seriamente em sair da Uber. Até me candidatei a outros empregos, mas decidi ficar. Eu tinha 25 anos, a Uber era a terceira empresa em que tinha trabalhado desde a formatura na Penn há apenas um ano e meio. Como poderia convencer as empresas para as quais me candidatava que o problema era na Uber e não comigo? Pior ainda: e se Kevin e Duncan estivessem certos e eu realmente fosse uma péssima engenheira? E se fosse tão ruim a ponto de nunca mais conseguir outro trabalho de engenharia?

Eu não era a única pessoa na Uber fazendo esse tipo de pergunta. Quase todos os engenheiros que eu conhecia estavam passando pelas mesmas situações: brancos, negros, hispânicos, asiáticos, homens, mulheres, homossexuais, héteros, *todos* eram maltratados e assediados moralmente. Um dos meus amigos contou que seu terapeuta implorava para ele se demitir antes que algo terrível acontecesse. Outra amiga disse que sua gerente (que também era mulher) se recusava a tomar qualquer atitude em relação às agressões lesbofóbicas que ela sofria de um colega. Isso a fez pensar que o problema era ela, em vez do funcionário abusivo. Um terceiro amigo se candidatou a outros empregos, mas se saía mal nas entrevistas porque não conseguia tirar a voz do gerente da cabeça, repetindo: "Você *realmente* acha que é engenheiro?"

Às vezes, eu e meus amigos ocupávamos uma sala de reuniões vazia e conversávamos sobre o que nossos gerentes diziam; então, garantíamos uns aos outros que nada era verdade.

— Se fôssemos tão ruins assim, nossa avaliação de desempenho não seria péssima? Ou nos colocariam nos planos de melhora de desempenho? Já não teriam nos demitido? — perguntávamos, com a voz embargada.

A diversidade tinha virado uma grande questão para a Uber e tinha a impressão de que muita gente dentro da empresa trabalhava com afinco para resolver o problema. Muito antes de eu entrar, a empresa tinha instituído as "melhores práticas" de diversidade e inclusão do mercado e, enquanto trabalhei lá, a Uber cumpriu todos os requisitos de uma companhia que se importava com isso. Tinha políticas obrigatórias contra preconceito, treinamentos contra assédio e discriminação e essas sessões de treinamento eram muito boas, pelo que me lembro. Havia iniciativas como o programa de

A DENÚNCIA

analistas de padrões corporativos, para implementar tais políticas já no processo de contratação. A Uber chamou alguns dos defensores mais proeminentes e influentes da diversidade e inclusão no mercado, deu a eles independência e contratou quem vinha de cursos de treinamento em software para mulheres. A empresa fazia pesquisas de cultura e engajamento regularmente e tentava agir com base no resultado delas. Havia grupos de funcionários para cada gênero, raça, etnia e orientação sexual, além de nomear mulheres para o conselho diretor e posições de poder ao longo da empresa. Elas exerciam poder de verdade, não estavam lá apenas para constar ou cumprir cota. Eu lembro muito bem do poder que elas tinham nas mãos e como escolhiam usá-lo. De acordo com boatos ouvidos de gerentes e outros colegas, a empresa até levava a diversidade e inclusão em conta nas avaliações de desempenho, remuneração e bônus de gerentes.

Acreditei nessas iniciativas nos primeiros meses que trabalhei na empresa, mas logo me desiludi. O problema não era a Uber precisar ser mais diversa e inclusiva, e sim ter uma cultura que ignorava e violava os direitos civis e as leis trabalhistas. A empresa não precisava só de mais engenheiras e funcionários não brancos*; ela precisava parar de descumprir a lei. Durante uma reunião da LadyEng naquele verão, ouvindo como precisávamos recrutar mais

---

* *Employees of color,* no original. O termo *people of color* foi cunhado para se refirir à constituição coletiva e racializada de suas identidades por uma geração em luta pelo direito à autoadefinição, e hoje é usado principalmente nos EUA para descrever qualquer pessoa que não seja considerada branca, enfatizando experiências comuns de racismo. O termo é específico do contexto estadunidense e, por isso, a dificuldade cultural, além da linguística, para traduzi-lo para o português brasileiro (este é um debate em curso dentro do campo da tradução, logo, podemos encontrar termos como "pessoas não brancas", "pessoas de cor", "pessoas racializadas" e "pessoas de minorias étnicas e raciais". Cabendo ao tradutor uma escolha estética e política). É usado para designar pessoas de minorias étnico-raciais em um nível político, como pessoas de ascendência africana, caribenha, asiática etc. [*N. da E.*]

mulheres e pessoas não brancas, eu só conseguia pensar que não importava quantas entrassem para a empresa, se todas sofreriam assédio sexual; não importava a quantidade de engenheiros negros, se todos acabariam discriminados; não importava quantas mulheres chegavam a posições de poder, se elas perpetuavam ou permitiam esse tipo de comportamento. Essa situação sistêmica, que era o *motivo* pelo qual tínhamos muito mais engenheiros homens e brancos, não seria resolvida por nós — mulheres e pessoas não brancas. Eram problemas jurídicos imensamente complicados que a empresa era legalmente obrigada a resolver, mas se recusava a fazê-lo. Tentar acabar com o desrespeito agressivo da Uber pelos direitos civis e pelas leis trabalhistas com iniciativas de diversidade e inclusão era como colocar um Band-Aid em um ferimento à bala.

Os problemas culturais sistêmicos da empresa (especialmente o machismo) eram dolorosamente óbvios dentro da SRE. Naquela primavera, após a entrada de Kevin na equipe, notei que a maioria das outras mulheres tinha se demitido ou transferido para outros departamentos. No meio do verão, a equipe de SRE tinha passado de 25 por cento composta por mulheres (o que tinha me convencido a entrar para a empresa) para seis por cento. Naquele verão, fui a uma reunião de engenharia com centenas de pessoas e perguntei a David por que tantas mulheres estavam saindo da empresa e o que a Uber estava fazendo em relação a isso. A reação dele certamente respondeu a minha pergunta: depois de dizer que fazia questão de "falar com uma mulher por mês", David disse acreditar que, se as mulheres da Uber fossem engenheiras melhores, mais mulheres entrariam para a empresa. Fiquei vermelha de tanta raiva. Não podia acreditar no que tinha acabado de ouvir.

A DENÚNCIA

Em vez de abordar as questões subjacentes que levavam as mulheres a se transferir de determinadas equipes ou trabalhar em outro lugar, os gerentes aumentavam a pressão sobre as engenheiras remanescentes para recrutar outras mulheres. Muitas de nós tínhamos ido a todos os eventos de "mulheres na tecnologia" possíveis, e agora eu passava boa parte do tempo recrutando mulheres em redes como LinkedIn, Twitter e GitHub, mas não fazia ideia do quanto os gerentes iam longe para mantê-las nas equipes e não serem considerados responsáveis pelo "problema de diversidade" na Uber.

As avaliações de desempenho do meio do ano estavam chegando; eu sabia que, se a minha fosse boa, Kevin e a equipe de SRE seriam obrigados a autorizar minha transferência. Quando finalmente recebi minha avaliação, ela estava cheia de elogios. Deixei claro para Kevin que estava indo para outra equipe. Quando fui pedir a transferência, ele mudou minha avaliação retroativamente, dando um índice de desempenho menor e dizendo que eu não demostrara sinal de avanço na carreira. Horrorizada, denunciei o que ele havia feito ao RH. O representante reconheceu que Kevin quebrara o protocolo da empresa e não deveria ter mudado a avaliação retroativamente para me manter na equipe, mas se recusou a fazer algo a respeito. Eu continuava presa na equipe.

Chorei muito aquele dia. Chorei no banheiro do trabalho e em casa. Não só eu continuaria trabalhando para um gerente cruel e abusivo como descobrira que não poderia mais fazer as aulas em Stanford porque a Uber não permite que funcionários com avaliação de desempenho ruim desfrutem do benefício. Senti a vida desmoronar e todos os meus sonhos indo para o espaço. Estava de volta à Penn, depois de perder o mestrado em filosofia e perceber que eu nunca seria física, sentada no chão do banheiro no Laboratório David Rittenhouse, chorando completamente impotente.

Alguns dias depois de o meu pedido de transferência ter sido negado, entreouvi Kevin falando com outros funcionários no jantar da equipe sobre o "problema de diversidade" na empresa. Outras equipes de engenharia estavam "perdendo mulheres a torto e a direito", mas ele tinha encontrado um jeito de mantê-las em sua equipe. Olhei para cada uma das mulheres que estavam nas equipes dele e tentei me lembrar de algo que cada uma delas havia me contado sobre suas avaliações de desempenho. Quando me lembrei dessas conversas, percebi que algumas tinham tentando se transferir para outras equipes, exatamente como eu. E ainda assim, todas nós ainda estávamos nas equipes de Kevin. Foi quando me dei conta: não era só eu. Ele tinha sistematicamente impedido a transferência de todas nós para outras equipes para preservar seus "números de diversidade."

Depois de o período de avaliação de desempenho no verão ter se encerrado, cheguei ao trabalho um dia e soube que um dos meus colegas estava morto. Era um homem negro chamado Joseph Thomas, que tinha sofrido assédio do gerente com quem trabalhava. Soube mais tarde que ele tinha atirado em si mesmo no carro e, quando a esposa o encontrou, já estava sem vida. Antes de se matar, ele tinha falado com um amigo sobre como a Uber estava acabando com ele. "O triste deste lugar (Uber) é que ele me destruiu a ponto de não ter mais forças para procurar outro emprego",[6] revelou o amigo ao *San Francisco Chronicle*, repetindo as palavras de Thomas. A viúva, Zecole, contou ao repórter: "É difícil explicar, mas ele não era mais o mesmo... Dizia frases como 'Meu chefe não gosta de mim'. A personalidade do Joseph mudou completamente, ele estava

---

6 SAID, Carolyn. "Suicide of an Uber Engineer: Widow Blames Job Stress". In: *San Francisco Chronicle*, 25 de abril de 2017.

A DENÚNCIA

preocupado demais com o trabalho a um limite quase inacreditável. Ele dizia que não conseguia fazer nada certo."

Logo após da morte dele, um dos diretores de engenharia mandou um e-mail ao nosso departamento no qual dizia erradamente que Joseph Thomas tinha morrido em um acidente de carro. Eu queria acreditar nele, mas não consegui achar qualquer registro do suposto acidente. Suspeitei que tivesse sido suicídio, pois sabia o que a Uber fazia com as pessoas. Muitos dos meus colegas tinham pensamentos suicidas e, naquele mesmo ano, outro funcionário da Uber tinha tentado se matar depois de sofrer assédio e discriminação. Ele sobreviveu, mas aquilo nos abalou. Colegas cochichavam: "Poderia ter sido eu"; um colega disse: "*Deveria* ter sido eu"; e eu mesma pensei: "Por pouco não *fui eu*."

Lembro de estar em pé na plataforma do trem naquele mesmo verão, a caminho do trabalho pela manhã. Eu tinha enfurecido os gerentes no dia anterior e precisaria me reunir com eles naquela tarde. Sabia que seria repreendida e teria que me defender de novo. À medida que o trem se aproximou da plataforma, olhei para os trilhos e um pensamento terrível passou pela minha cabeça: *eu preferia estar morta do que ir trabalhar novamente*. Por um momento, pensei em me jogar nos trilhos. Comecei a chorar ali, na plataforma, e tentei engolir as lágrimas quando o trem chegou à estação.

Depois do suicídio de Joseph, senti que tinha acordado de um sonho terrível e assustador. O problema não estava em mim ou em qualquer outro funcionário de baixo escalão, e sim na cultura da Uber, criada e mantida por executivos e gerentes que, cruel e gradativamente, destruíam os empregados até que eles sentissem que não valia mais a pena viver. Eu estava determinada a não ser a próxima vítima e a fazer com que o suicídio de Joseph Thomas fosse o último na empresa.

CAPÍTULO **NOVE**

Nos dias seguintes, trabalhei muito para reconquistar a confiança e calar as vozes que diziam que eu não tinha valor, não era "engenheira de verdade", que era uma fraude. Comecei a passar ainda mais tempo com Chad e meus amigos, que me traziam felicidade e davam o estímulo, apoio e amor de que eu precisava tão desesperadamente. Também criei um blog, o lugar para compartilhar meus pensamentos sobre física, livros, engenharia e a vida. Voltei aos estoicos e tentei substituir os insultos cruéis de Kevin pelas palavras de Sêneca, Epiteto e Marco Aurélio. Começava o dia de trabalho lendo a famosa passagem das *Meditações* de Marco Aurélio: "Acolhe a alvorada já dizendo, antecipadamente, para ti mesmo: vou topar com o indiscreto, com o ingrato, com o insolente, com o pérfido, com o invejoso, com o antissocial. Todas essas qualidades negativas lhes ocorrem por conta de sua ignorância do bem e do mal. Eu, entretanto, contemplei a natureza do bem, que é nobre, e a do mal, que é vil."[7] Li essas palavras repetidamente até internalizá-las

---

7 AURÉLIO, Marco. *Meditações*. Tradução e notas de Edson Bini. São Paulo: Edipro, 2019. [*N.da R.*]

e coloquei na cabeça que os gerentes da Uber tratavam mal a mim e aos meus colegas por não saber que suas atitudes estavam erradas.

As palavras dos estoicos reforçavam algo que eu já sabia: era impossível controlar o que os outros faziam comigo, mas era possível controlar minhas reações. Eu era a única pessoa que tinha poder sobre o meu caráter, o que me fazia ser quem eu era e me definia. Determinada a me reencontrar e ser a melhor versão possível de mim, eu reservava um tempo para me responsabilizar a cada manhã. Nos diários, anotava o que tinha feito de errado, os acertos e tudo o que poderia ter feito melhor. Fiz o mesmo que Benjamin Franklin quando jovem; criei uma lista das virtudes que gostaria de desenvolver e praticar todos os dias: paciência, gentileza, generosidade, compaixão, amor e justiça. Estes seriam os parâmetros pelos quais eu avaliaria o meu caráter, e não o que as pessoas no trabalho falavam de mim. A cada dia, me sentia um pouco menos impotente, um pouco menos assustada, um pouco mais livre.

Nos dias particularmente difíceis, lia citações de Fred Rogers, cuja gentileza às vezes era o único motivo para acreditar que minha vida ficaria bem. As palavras dele que me davam mais coragem eram: "Faça o melhor que puder para deixar a bondade atraente. Esta é uma das tarefas mais difíceis que você vai receber." Tomei uma decisão: mesmo que a bondade fosse considerada um vício, e a agressão, a maior virtude na Uber, eu ainda me importaria com a bondade, a gentileza e a ternura. Estava determinada a levar essas virtudes para o trabalho todos os dias, em cada reunião e cada momento da minha vida. Eu estaria *no* mundo, mas certamente não seria *do* mundo, como o meu pai tinha me aconselhado há tantos anos.

Não foi fácil. Sempre que alguém no trabalho me insultava, ainda assim eu me mantinha calma. Respirava fundo e dizia a mim mesma que eles apenas ignoravam que suas atitudes estavam

A DENÚNCIA

erradas, mas o meu estoicismo renovado não dizia respeito apenas a dar a outra face. Ele também trazia uma responsabilidade: segundo os ensinamentos dos estoicos, por saber o que era certo e errado, eu era obrigada a sempre fazer o certo.

Por isso, comecei a chamar a atenção para o machismo, racismo e assédio quando eles aconteciam, como fiz quando era analista de padrões corporativos. Se eu notasse alguém assediando moralmente outras pessoas, levava o caso à gerência e insistia para que eles agissem e acabassem com aquilo. Sempre que algo ridículo acontecia e um e-mail machista era enviado, eu mandava um breve relato ao RH, só para registrar. Quando os colegas vinham me pedir ajuda, fazia o possível para ensiná-los a denunciar o tratamento inadequado que receberam de gerentes machistas e racistas, documentando a discriminação, levando a situação ao RH, aos executivos da Uber e, quando tudo isso falhasse, reportando o caso ao governo e às autoridades (ao entrar em contato com a Comissão para Igualdade no Trabalho/EEOC, por exemplo).

Nos dias em que eu ficava com medo e me preocupava com meus colegas, meu emprego ou minha saúde mental, abria uma página do *Encheirídion,* o manual de Epiteto, na viagem de volta para casa: "Quando discernires que deves fazer alguma coisa, faz. Jamais evites ser visto fazendo-a, mesmo que a maioria suponha algo diferente. Pois se não fores agir corretamente evita a própria ação, mas se fores agir corretamente, por que temer os que te repreenderão incorretamente?"[8] As palavras do filósofo me davam coragem para enfrentar o assédio dos gerentes da Uber. Nos dias realmente difíceis, eu pegava o livro entre uma reunião e outra e lia enquanto andava pelos corredores da sede da empresa, às ve-

---

8 DINUCCI, A. e JULIEN, A. "O Encheirídion de Epicteto". Archai n. 9, jul-dez 2012, pp. 123-136. [*N. da R.*]

zes passando ao lado de Travis Kalanick, que percorria o prédio falando ao celular.

Comecei a sentir que tinha mais controle sobre a minha vida. Ao me definir em termos de caráter (que eu podia controlar inteiramente) em vez de deixar os gerentes me definirem, reconquistei a autoestima aos poucos. Embora o tratamento dispensado a mim e meus colegas não tenha mudado, conseguia lidar melhor com o abuso e manter a atenção concentrada no trabalho, além de começar a planejar e sonhar com uma vida após a Uber. Como sempre, havia muito a fazer: revisar arquitetura de software, consertar microsserviços, procurar erros em códigos, ensinar os novos engenheiros e ajudar colegas. À noite, trabalhava no livro sobre microsserviços, esperando conseguir terminá-lo a tempo para ser publicado no Natal.

No verão, a Uber anunciou que ia comprar jaquetas de couro personalizadas para todos da SRE. Era uma tradição que diretores de engenharia tinham trazido da Google. (Outra foi a de beber muito; esperava-se que os engenheiros bebessem uísque regularmente com seus gerentes e diretores. Quem não se juntasse à bebedeira não era dedicado à equipe, segundo eles.) Fomos até as salas de reunião, onde havia algumas jaquetas, para experimentá-las e escolhemos os tamanhos. E então esperamos que elas chegassem.

Um belo dia, no fim de setembro, recebi um e-mail. A mensagem tinha sido enviada para oito mulheres: as seis que restavam no setor de engenharia de infraestrutura (que incluía a SRE e empregava 150 engenheiros) e duas mulheres que recentemente tinham se transferido para outros departamentos da empresa. O e-mail anunciava que a Uber não compraria jaquetas de couro femininas porque não havia mulheres suficientes para justificar o

A DENÚNCIA

pedido. Contudo, a empresa compraria jaquetas de couro para todos os homens. Respondi ao e-mail, dando o meu melhor para explicar o quanto aquela decisão era ridícula: "Existem oito mulheres na SRE. Tenho certeza de que o setor pode arranjar espaço no orçamento e pagar as jaquetas de couro para as mulheres, já que pode comprá-las para os homens", escrevi.

Charles replicou que a Uber recebera um desconto no atacado para as jaquetas masculinas, mas, como havia poucas mulheres, a empresa não conseguira o mesmo preço para as peças destinadas a elas. Segundo ele, gastar US$ 100 a mais por uma jaqueta feminina seria injusto com os homens, então as mulheres não receberiam nada, a menos que a Uber encontrasse peças exatamente do mesmo preço que aquelas destinadas aos homens. Considerando o grande desconto recebido nas jaquetas masculinas, isso era obviamente impossível. Novamente, tentei explicar por que isso era injusto. "Considerando que o custo associado a retificar esta desigualdade é bem baixo (US$ 100 para cada jaqueta) e o dinheiro economizado pelo pedido no atacado das jaquetas masculinas mais do que cobre o pequeno adicional das jaquetas femininas, realmente espero que a SRE consiga encontrar espaço no orçamento para garantir que todos os funcionários sejam incluídos e possam usar suas jaquetas de SRE da Uber com orgulho."

Charles contra-argumentou: "Se você ainda continua a ter esta percepção de desigualdade, não creio que o e-mail seja um bom meio para abordar o assunto. Por favor, agende uma reunião pessoal comigo para discutir suas preocupações." Encaminhei a conversa por e-mail para o RH e fechei o laptop.

Mandei mensagem para Laura, que também recebera o e-mail, e pedi a ela para me encontrar no andar mais calmo do escritório da engenharia. Sentadas em um pufe preto gigantesco, caímos na gargalhada. Era uma situação absurda, repleta de um machismo tão ridiculamente descarado e banal que nenhuma de nós acreditava que aquilo estava realmente acontecendo. Acessamos o e-mail pelo celular, lemos a mensagem em voz alta uma para a outra e rimos até ficar com lágrimas nos olhos. Antes de voltarmos ao trabalho, porém, houve um momento de compreensão e o silêncio caiu sobre nós, assim como a repentina consciência de que aquele era o começo do fim para nós na Uber. Agora estava explícito que a empresa desvalorizava tanto as engenheiras que nem se preocupava em fingir que nos tratava como iguais aos colegas do sexo masculino; essa cultura jamais mudaria, não importa o quanto nos esforçássemos para isso. Pela primeira vez, falamos sobre o que aconteceria se eu contasse a história da verdadeira Uber para o mundo.

A ideia de contar minha história parecia perigosa, mas inevitável. Toda a minha vida tinha sido forjada pela leitura. As histórias de outros me levaram até ali e me deram a coragem e a determinação para sair da pobreza e assumir o controle do meu destino. Não havia dúvida de que, um dia, eu escreveria sobre o que estava acontecendo na Uber, mesmo que a ideia de fazer isso me apavorasse. Quando Laura e eu conversamos sobre o assunto pela primeira vez, descobri que falar dessa possibilidade deixava tudo um pouco menos assustador.

Alguns dias depois, me reuni com outra representante do RH chamada Jan para conversar sobre as jaquetas de couro e os e-mails trocados com Charles. Pelo menos era o que eu pensava: nos encontramos na cobertura da sede da Uber, onde eu nunca tinha estado. As paredes eram repletas de janelas que forneciam uma vista de quase 360 graus de São Francisco e havia pequenos campos de golfe entre as mesas.

A DENÚNCIA

Jan me intimidou desde o primeiro momento em que a vi. Ela usava sapatos de salto agulha tão vertiginosos que a deixavam uns trinta centímetros mais alta que eu. Quando se apresentou, percebi que não era a altura que me fazia sentir intimidada, mas o jeito com que ela me olhava: de cima para baixo, com uma expressão severa e exasperada, levantando as sobrancelhas enquanto eu falava, como se perguntasse: "Já acabou?"

Quando entramos na sala de reunião, tentei me recuperar e me preparar para dizer por que aquela situação era ridícula, mas Jan tinha algo guardado para mim.

— Já parou para pensar que talvez você seja o problema aqui na Uber? — perguntou ela, com um sorrisinho e um sotaque quase britânico que não consegui identificar.

Respondi, quase gaguejando:

— Não, não. Veja o e-mail do Charles. Obviamente eu não era o problema ali, e...

Ela me interrompeu:

— Bom, da forma que eu vejo, todas as reclamações que você fez ao RH têm algo em comum: você.

Antes de ter a chance de responder, ela recomendou que eu analisasse bem a minha vida e pensasse o que tinha feito para gerar tantas situações terríveis na Uber. Depois, ela se reclinou na cadeira e jogou a cabeça para o lado, olhando para mim de cima para baixo.

Retruquei que sim, tinha analisado muito bem a minha vida, mas o assunto ali não era a minha vida, muito menos eu. Era a Uber.

— O que denunciei ao RH foram incidentes graves, bem documentados e muitas dessas situações nada tinham a ver comigo — argumentei, cada vez mais frustrada.

— A quais incidentes você está se referindo? Tenho acesso a todas as queixas feitas ao RH e você nunca fez reclamação alguma — disse ela, impaciente e com olhar confuso.

Senti que estava enlouquecendo. Mencionei que ela tinha acabado de se referir às queixas anteriores e das situações terríveis que aconteceram na Uber, quando disse que todas as reclamações que fizera ao RH tinham a mim em comum. Jan sacudiu a cabeça e insistiu que não sabia do que eu estava falando.

Peguei meu laptop:

— Tudo bem, vou acessar todos os e-mails que mandei ao RH. E não sou a única que denunciou isso a vocês. Outras mulheres também o fizeram.

Isso chamou a atenção dela:

— Como você sabe que outras mulheres fizeram queixas ao RH? — perguntou Jan, sentada ereta em sua cadeira e inclinando-se para mim.

Ela queria saber como as mulheres na Uber se comunicavam entre si, que salas de chat usávamos, do que falávamos e se conversávamos sobre machismo e assédio sexual. Recusei-me a responder. Esperando trazer a conversa de volta às jaquetas, mencionei que poucas mulheres sobraram no meu departamento de engenharia.

— Algumas pessoas veem machismo e racismo onde eles não existem.

Em seguida, Jan contou uma história. Há muitos anos, ela trabalhou em uma firma de contabilidade.

— Eles pensavam que tínhamos um problema de diversidade porque todos os contadores eram mulheres asiáticas — disse ela, sacudindo a cabeça e aparentando decepção.

Segundo Jan, as pessoas não entendiam que a empresa não tinha *realmente* um problema de diversidade, pois as "mulheres asiáticas" eram "boas com números" e "ser boa com números" era "o que elas *sabiam* fazer". Não se tratava de machismo ou racismo; era apenas a verdade, insistiu ela. Da mesma forma, Jan concluiu que homens brancos eram apenas "bons em engenharia". Entre

A DENÚNCIA

outros pontos, eu queria destacar que a maioria dos homens em nosso departamento de engenharia era de origem asiática e não branca, mas segurei a língua.

Encerrando a reunião, ela me repreendeu por enviar os e-mails sobre as jaquetas ao RH, dizendo que era pouco profissional e inadequado da minha parte discutir esse tipo de assunto por mensagem. Jan recomendou nunca mais denunciar algo ao RH por e-mail. Segundo ela, isso violava os valores culturais da Uber: de acordo com os "Confrontos íntegros", se você tinha um problema com alguém, deveria falar diretamente com o envolvido, em pessoa. Quando me levantei para ir embora, tentei dizer que ela tinha entrado em contradição mais uma vez, pois há poucos minutos tinha insistido que eu nunca fizera uma denúncia ao RH. Além disso, se eu nunca tivesse feito queixas por e-mail, não haveria registro do que acontecera. Ela me dispensou e disse que entraria em contato.

Violando novamente os "Confrontos íntegros", mandei um e-mail para o chefe de RH, no qual resumi minha conversa com Jan. Na mensagem, depois de contar a história racista de Jan, perguntei em tom de brincadeira, mas realmente esperando uma resposta: "Como eu denuncio o RH ao RH?"

Na mesma época, Jan me mandou um e-mail depois da nossa conversa pedindo informações sobre as outras mulheres que fizeram queixas ao RH. Na assinatura do e-mail havia uma citação de Montaigne: "Precisamos de ouvidos muitos fortes para ouvir julgamentos com franqueza, e como poucos conseguem suportar críticas francas sem serem atingidos por elas, os que se aventuram a nos criticar fazem um ato marcante de amizade, pois decidir ferir ou ofender um homem para o seu bem é ter um amor saudável por ele." Eu me pergunto se Jan pensa que tudo o que ela e a Uber faziam aos funcionários era um "ato marcante de amizade", e se ela acreditava que o tratamento que levara Joseph Thomas ao suicídio tinha sido "para o bem dele".

Alguns dias depois, Kevin me chamou para uma reunião. Sentamos em uma das pequenas salas de conferência e comecei a falar sobre um projeto de arquitetura de software em que estava trabalhando, mas ele levantou as mãos para me interromper.

Com o rosto vermelho, ele disse:

— Susan, precisamos ter uma conversa difícil.

Olhamos um para o outro por um instante; nenhum dos dois queria ser o primeiro a falar. Ele começou a suar; depois de secar o rosto com a manga da camisa, deixando uma série de manchas molhadas nos braços, Kevin disse que precisávamos falar sobre a conversa por e-mail com Charles que eu tinha enviado ao RH.

— Você está correndo um sério risco ao enviar isso ao departamento de pessoal — disse ele, secando o suor do rosto novamente.

— A Califórnia é um estado que permite a demissão sem justa causa, então podemos mandar você embora se fizer algo do tipo de novo.

Sacudi a cabeça e respondi que era ilegal a Uber me demitir por denunciar algo ao RH. Ele discordou, citando sua experiência na Google.

— Eu sou gerente há *muito* tempo, Susan. Se *isso* fosse ilegal, eu saberia — respondeu Kevin.

Alguns dias depois, as mulheres da SRE receberam um e-mail anunciando que as jaquetas de couro tinham chegado. Subi e esperei na fila com outras engenheiras para receber as jaquetas; enquanto estava lá, um dos gerentes passou com a jaqueta nas mãos e debochou:

— Espero que você esteja feliz agora.

Voltando para casa naquela noite, andei até a estação de trem e joguei minha jaqueta de couro da Uber no lixo. Eu estava furiosa. O problema nunca tinha sido as jaquetas. Era a perseguição, o assédio, a discriminação e as represálias às quais minhas colegas e

A DENÚNCIA

eu estávamos sujeitas o tempo todo. A questão jamais fora sobre a distribuição das jaquetas, e sim as ameaças, o medo e os abusos por parte da gerência. Senti que ficar com a jaqueta era errado. Mantê-la e usá-la (Deus me livre) significava aprovar o comportamento da Uber e ser cúmplice do péssimo tratamento dado aos funcionários e das tentativas de apagá-lo. Na volta para casa, espremida como uma sardinha em lata com todos os outros trabalhadores, percebi que ficar na Uber era como manter a jaqueta. De alguma forma distorcida, ficar significava que eu aprovava a forma pela qual a empresa tratava a mim e aos meus colegas. Ficar me transformava em cúmplice e parte do problema. A menos que a empresa mudasse drasticamente nos meses seguintes, eu teria que sair de lá.

Não tive muito tempo para pensar no passo seguinte. Trabalhava de dez a 12 horas por dia, e tentava terminar meu livro enquanto dava aulas na *Engucation*, além de palestras em conferências sobre arquitetura de microsserviços e construção de sistemas de software. Foi quando algo maravilhoso aconteceu: Chad me pediu em casamento.

Era uma bela e ensolarada tarde de outubro. Estava envolvida nos preparativos do Dia das Bruxas, escrevendo meu livro sobre microsserviços e esperando Chad aparecer em seu velho BMW bege para irmos até a nossa trilha favorita. Pouco antes de chegar, ele mandou uma mensagem, perguntando se eu gostaria de um café para tomar durante a caminhada. Como eu estava cansada, tinha escrito o dia inteiro e trabalhado madrugada adentro, respondi que adoraria. Quando ele me pegou e começamos a subir as colinas, senti algo diferente. Ele parecia preocupado, como se quisesse dizer algo, mas estava se segurando.

Caminhamos por uma das nossas trilhas favoritas, que se embrenhava pelas colinas, passando por riachos, pinheiros e eucaliptos imensos. Bebi quase todo o café e nem notei que ele não tinha dado um gole sequer no dele. Andamos e conversamos a trilha inteira até chegarmos ao nosso ponto favorito, um lugar embaixo de um belo carvalho onde era possível olhar para o oeste e ver Berkeley, a linda Baía de São Francisco, as torres do centro da cidade e a ponte Golden Gate ao longe. Quando paramos para descansar, Chad virou-se e perguntou:

— Quer casar comigo?

Eu não tinha certeza se ele estava falando sério ou não. Olhei para aquele rosto carinhoso e bonito, que se abria em um sorriso nervoso. *Gostaria que ele estivesse me pedindo em casamento de verdade*, pensei.

— Eu casaria com você a qualquer momento — respondi, beijando-o.

— Não, eu estou falando sério, Susan Joy — exclamou Chad, tirando a tampa do copo de café e pescando um anel lá de dentro. Ele ficou de joelhos bem embaixo do carvalho enquanto o vento frio da noite soprava da baía e perguntou novamente:

— Quer casar comigo?

Comecei a chorar, dizendo:

— Sim.

Estávamos namorando há quase um ano e eu tinha me apaixonado perdidamente por ele. Chad era o tipo de pessoa com quem sempre sonhei em me casar: brilhante, técnico, artístico, carinhoso, divertido. E de alguma maneira ele também se apaixonara por mim. Enquanto eu me arrastava durante o ano que passei na Uber, ele também trabalhou muito: expandiu a empresa para quase sessenta pessoas, conseguiu dezenas de milhões de dólares em financiamento e construiu bits quânticos que realmente funcionavam. Enquanto

A DENÚNCIA

eu enfrentava os desafios de trabalhar em uma empresa de tecnologia, ele enfrentava os de gerenciar e construir uma. Nós nos ajudávamos e conversávamos sobre todos os problemas e desafios durante as longas trilhas. Éramos a equipe perfeita e agora que iríamos nos casar, seríamos parceiros para toda a vida.

Graças às conversas com Chad, percebi que tinha perdido toda a paciência com a Uber e estava na hora de seguir em frente. Estava cansada de ser a vítima na minha história, farta de esperar a situação mudar e com raiva por mais uma vez ter virado objeto em vez de sujeito da minha vida. Eu era inteligente, trabalhadora, estava noiva do homem dos meus sonhos e poderia fazer tudo o que tivesse vontade. Merecia mais do que a Uber e o Vale do Silício tinham me dado e estava pronta para algo mais. Porém, justamente quando tinha decidido sair, surgiu um vislumbre de esperança.

Em meados de outubro, a Uber patrocinou a Grace Hopper Conference. Muitas mulheres da LadyEng tinham ido a Houston para a conferência, ficando no estande da empresa a fim de recrutar jovens para cargos de engenharia de software. O diretor de tecnologia da Uber, Thuan Pham, também estava lá. Em um jantar durante a conferência, uma das mulheres disse a Thuan que havia um problema grave na Uber: vários gerentes da engenharia estavam dando avaliação baixa às engenheiras e, em alguns casos particularmente alarmantes, mudando os índices de desempenho *depois* do término do ciclo de avaliação para evitar que os "números de diversidade" caíssem. Falando para as mulheres presentes, Thuan confirmou que este era um problema na Uber e orientou todas as engenheiras que tivessem passado por isso a se reunir com ele imediatamente para que fossem tomadas as devidas providências.

Quando voltou daquele jantar em Houston, Laura me chamou de lado e recomendou que eu me reunisse com Thuan. Hesitei. Afinal, ainda lembrava muito bem de como ele ignorara os problemas relatados por Ashley havia alguns meses, mas Laura estava empolgada e convicta de que Thuan resolveria tudo: ele tinha garantido que bastaria eu marcar uma reunião e explicar tudo o que acontecera. Quanto mais nós conversamos, mais empolgada eu fiquei. Talvez a mudança ainda fosse possível. Quem sabe a situação melhorasse e eu não precisasse sair? No mínimo eu precisava realizar essa tentativa — por mim e pelas minhas colegas.

Em pouco tempo, estava novamente na cobertura da sede da Uber, onde tinha me reunido com Jan. Mais uma vez, fiquei sentada no sofá de pano perto das salas de conferência, esperando o início da nossa reunião diante dos minicampos de golfe com grama artificial, observando os executivos nas janelas com vista para a cidade conversando entre si com cafés e latas de água com gás nas mãos. Assim que a sala ficou livre, entrei para a reunião com o famoso diretor de tecnologia da Uber, Thuan Pham. Quando a porta se fechou, notei que havia pedaços de fita adesiva silver tape colados na fechadura, impedindo que o trinco da porta corresse.

Comecei pelo início. Quando falei das mensagens que recebera de Jake durante o meu primeiro dia na Uber, ele disse que se lembrava do incidente e sentia muito por aquilo ter acontecido comigo. Quando contei dos meus pedidos de transferência recusados, da avaliação de desempenho alterada e como isso tinha me levado a perder a vaga no programa de Stanford, ele disse que estava "puto". Quando expliquei o que havia acontecido com as jaquetas, a reação de Charles, a reunião com Jan e como Kevin ameaçara meu emprego, ele parecia indignado.

Thuan não ficou surpreso com as histórias que contei a ele, mas estava furioso com tudo aquilo. Ele sabia que havia um problema sistêmico grave nas equipes de engenharia da Uber: os gerentes do sexo masculino estavam dando avaliações de desempenho ruins às engenheiras e impedindo que elas trocassem de equipe a fim de

A DENÚNCIA

proteger seus números de diversidade. Na verdade, ele disse que acabara de demitir um gerente da equipe financeira por fazer isso com uma das engenheiras. Ele prometeu cuidar disso e que um dos contatos dele no RH me procuraria em breve.

Em todo o período que passei na Uber, eu nunca sentira tanta esperança quanto depois daquela reunião. Sempre que me reunia com gerentes ou representantes do RH, eles me manipulavam para tentar me convencer que *eu* era o problema; pela primeira vez, alguém na Uber tinha concordado comigo que a empresa estava agindo errado com os funcionários e prometido resolver a situação. Estava otimista, mas uma vozinha chata no fundo da minha cabeça me aconselhava a ter cuidado, lembrando as últimas duas vezes em que me sentira otimista depois de me reunir com alguém em posição de poder e como essas situações terminaram: primeiro, com a reitora de pós-graduação da Penn, que prometera resolver tudo, tirando minha vaga ao mestrado; depois, com Karen nos meus primeiros dias na Uber, que prometera resolver tudo e me punira por denunciar o assédio sexual de Jake. Havia uma boa probabilidade de a promessa de Thuan ser boa demais para ser verdade. Eu teria que esperar para ver.

Naquele mesmo dia, Thuan me encaminhou um e-mail que enviara aos gerentes de engenharia alguns dias antes, dizendo: "Hoje nós demitimos um gerente porque esta pessoa não tratava sua equipe com cuidado e respeito, não criava um ambiente para que os integrantes fizessem o melhor trabalho e agia contra a nossa política liberal de transferência na engenharia", referindo-se ao gerente da equipe de finanças do qual tinha falado em nossa reunião. O e-mail continuava: "Isso também indica que nós decepcionamos alguns funcionários em algumas partes da empresa. Dissemos

167

repetidamente que temos tolerância zero para maus gerentes e, mesmo assim, temos alguns entre nós."

No início do e-mail ele escreveu uma nota pessoal, na qual agradecia pela reunião e dizia que ele e o chefe de RH "investigariam minuciosamente todas as questões" que eu citei. Thuan prometeu que não seria demitida "sem [o seu] conhecimento e aprovação" e que a forma pela qual os gerentes da Uber falavam com seus funcionários era "completamente destrutiva, ameaçadora e simplesmente inaceitável". Ele terminou a nota me pedindo para dar o seguinte recado aos meus amigos da engenharia: "Não toleramos qualquer comportamento inadequado por parte da gerência. E se virem algo de ruim, que tenham coragem para nos ajudar, procurando o RH e a mim. É totalmente seguro."

Ansiosa e impaciente, esperei o contato de Thuan no RH me retornar. Enquanto isso, tentei evitar as reuniões com Kevin, temendo que ele me demitisse quando percebesse que eu o denunciara ao diretor de tecnologia. Contei a Laura sobre a reunião com Thuan e nós imaginamos o que ele faria; se agiria mesmo e se a situação na Uber realmente mudaria. Depois, esperamos. Enquanto isso, soubemos que Charles tinha recebido uma oferta e saíra da Uber para ser diretor de engenharia na Google.

Pouco depois, tive o retorno do "contato do RH" de Thuan, um representante chamado Toby, que agendou uma reunião comigo. Eu já tinha falado com ele rapidamente em uma videoconferência, quando denunciei o comportamento de Jan ao chefe do RH. Ele me ligou para explicar que a Uber não tomaria qualquer medida disciplinar contra Jan pelo que ela dissera em nossa reunião. Segundo Toby, todas as minhas denúncias foram confirmadas pelo RH, mas como Jan era nova e essa foi a primeira transgressão dela, a empresa não se sentia confortável em puni-la além de uma conversa séria. Em outras palavras, ele repetiu o mesmo roteiro do RH que ouvia

A DENÚNCIA

sempre que apresentava uma denúncia. Mesmo assim, quando Toby e eu marcamos a reunião para falar sobre minha conversa com Thuan, tive esperanças. Pensando bem, eu não sei *por que*, mas acreditava que tudo seria diferente.

E lá estava eu, sentada diante da mesa de reunião, ouvindo Toby explicar que a Uber tinha investigado as minhas denúncias a Thuan. Embora fosse verdade que Kevin tinha impedido minha transferência e me dado uma avaliação de desempenho ruim como retaliação porque desejava manter o número de mulheres na equipe, e também que ele tinha ameaçado me demitir por denunciar o machismo ao RH — embora fosse verdade que tudo isso era ilegal, Kevin tinha alto desempenho, aquela tinha sido a primeira transgressão dele e a empresa não se sentia confortável em puni-lo. Comecei a chorar na mesma hora.

— O que eu devo fazer? — perguntei, enxugando as lágrimas.

— Sinto muito — disse ele, sacudindo a cabeça.

— Você não pode... Não vai fazer nada? Eu fui ameaçada e tive a minha avaliação de desempenho alterada e você não vai fazer nada? O que eu vou fazer? — perguntei.

— Eu não sei. Sinto muito mesmo — respondeu ele, em voz baixa.

— O que eu vou fazer se algo mais acontecer? Se algo pior acontecer? — implorei por uma resposta.

Toby disse que, se algo mais acontecesse, eu deveria denunciar ao RH e deixar que eles investigassem e tomassem medidas disciplinares.

— Não, obrigada — respondi, com raiva. Enxuguei as lágrimas novamente e olhei para ele. Nossos olhos se encontraram. Vi que os olhos de Toby estavam vermelhos e ele estava prestes a chorar. Naquele momento, me dei conta que talvez ele fosse tão impotente, estivesse tão preso à máquina da Uber quanto eu. A raiva que sentia dele desapareceu.

— Sinto muito — ele disse de novo. Eu sabia que ele estava sendo sincero.

Agradeci e saí da sala. Não voltei ao escritório, não passei pela minha mesa, não vi meus e-mails, nem liguei o chat da empresa no celular. Fui para casa, acendi um cigarro, sentei na minha cama e comecei a procurar outro emprego.

Voltando para casa aquele dia, decidi que nunca mais aceitaria um emprego no qual fosse uma funcionária impotente de baixo escalão. Isso significava que não poderia mais trabalhar em engenharia, pois os únicos empregos nessa área para os quais eu me qualificava eram cargos juniores e de nível médio, que me colocariam à mercê de outro gerente que teria controle demais sobre meu trabalho e minha vida. Amava a engenharia, mas meu amor próprio era maior; estava determinada e encontrar um trabalho técnico e desafiador que me permitisse assumir o controle do meu destino.

Menos de uma semana depois me ofereceram um emprego de editora-chefe na nova revista de engenharia de software criada pela startup de pagamentos on-line Stripe. O CEO da Stripe, Patrick Collison, tinha visto uma postagem que eu publicara no blog sobre livros que mudaram minha vida. Ele ficara impressionado tanto com aquele texto como outros que eu tinha escrito e, por isso, queria que eu fosse trabalhar para ele. Era a vaga absolutamente perfeita para mim e eu aceitei sua proposta.

Quando Patrick me ofereceu o emprego, percebi que era uma oportunidade de finalmente realizar meu sonho de infância e trabalhar em tempo integral como escritora e editora. Escrever o livro de microsserviços fora um teste para mim; com ele, descobri

A DENÚNCIA

que realmente queria e poderia ser escritora. Fiquei agradavelmente surpresa ao descobrir que tinha adorado a experiência e mal podia esperar para ficar diante do laptop com anotações e cadernos para escrever e revisar *ad infinitum* até o início da manhã. Quando contei a Chad sobre o emprego na Stripe, ele ficou tão empolgado quanto eu. Ele amava o que eu escrevia e me estimulava a seguir essa carreira. Logo depois do noivado, me mudei da casa laranja para o apartamento de Chad. Tinha um quartinho no andar superior, ao lado da cozinha, que Chad transformou em escritório. Quando me mudei, ele levou minhas coisas para lá e levou as dele para a sala de estar.

— É para você escrever — disse ele.

Eu não queria sair da Uber sem oferecer um relato por escrito do jeito que tinha sido tratada e dos problemas que observara na cultura corporativa, então escrevi uma carta de demissão. Nela, eu dizia que estava triste por sair da Uber e agradecia por tudo o que tinha aprendido lá, pelas oportunidades incríveis que me foram oferecidas e por todas as pessoas extraordinárias com quem trabalhara. Contudo, decidira sair porque não poderia mais aceitar o tratamento inadequado e desmoralizante dispensado a mim e a alguns dos meus colegas engenheiros. Depois de inúmeros casos de machismo, insultos e represálias que sofrera e testemunhara, não havia como permanecer na empresa e me permitir ser tão maltratada. Eu não poderia mais falar bem da Uber caso me perguntassem se a empresa era boa empregadora; também não poderia em sã consciência estimular mulheres a entrar para a SRE da Uber. Por fim, dizia que esperava que a Uber fizesse mudanças culturais significativas no futuro para que experiências como a minha não se repetissem.

Tentei agendar uma reunião com Kevin para entregar minha carta de demissão pessoalmente, mas ele se recusou e tentou adiar indefinidamente o encontro. Estávamos quase no fim do ano; foi impossível não pensar se aquela era outra de suas táticas para manter o número de mulheres na equipe e conseguir um dos "bônus de diversidade" dos quais eu tanto tinha ouvido falar. Mandei então e-mail para o chefe do RH e pedi uma reunião com um dos representantes do departamento.

Em um encontro bastante surreal, foi Jan quem aceitou minha demissão. Enquanto repassávamos o meu período na Uber e eu narrava o que me acontecera — dos problemas culturais sistêmicos às práticas ilegais que levaram à minha demissão —, Jan periodicamente me interrompia para dizer que eu deveria "aprender" com minhas experiências na Uber e, segundo ela, esperava desesperadamente que eu não cometesse os mesmos erros no próximo emprego. Eu não tinha mais energia para concordar com ela. Não tinha mais nada a dizer.

No meu último dia no escritório, o RH me afastou da entrevista de saída pré-agendada e me enviou para a chamada força-tarefa de assédio, em outra reunião com Jessica, a mesma que mentira dizendo que todos a procuraram para reclamar de mim quando eu e algumas mulheres da empresa nos reunimos para denunciar Jake. Estávamos frente a frente pela última vez, e ela repetiu o mesmo discurso de quando nos falamos:

— Achei que você estava feliz com a forma pela qual resolvemos a situação.

Comecei a repassar todo o histórico do meu ano na Uber, mas não adiantava. Ela parecia incapaz de compreender o que a empresa tinha feito de errado.

Depois da reunião, entrei no diretório da empresa e calculei a porcentagem de mulheres que ainda estavam na minha equipe de engenharia. Havia mais de 150 engenheiros SRE e apenas três por cento eram mulheres. Na saída, entreguei o laptop e o crachá

A DENÚNCIA

da Uber. Antes de sair do prédio, fui ao escritório e me despedi de todos os amigos mais próximos. Passei pelas mesas onde costumava sentar e pelas salas de reuniões, áreas de descanso e lugares onde o drama se desenrolara. Encontrei Laura em uma das cozinhas e ficamos lá juntas pela última vez, falando do que viria a seguir.

— Você vai escrever sobre isso, não vai? — perguntou ela, com um sorriso.

CAPÍTULO **DEZ**

Tirei algumas semanas de férias no Natal para esquiar e caminhar na neve com Chad e a família dele, além de passar um tempo com a minha família no Arizona. Comecei o novo emprego na Stripe em janeiro de 2017. Depois de lidar com o ambiente intenso, agressivo e destrutivo da Uber, senti um choque cultural enorme ao trabalhar na Stripe. Na Uber, cada reunião era um embate curto e sofrido, no qual gerentes e funcionários lutavam como cães famintos por um pedaço de carne; na Stripe parecia bem diferente. Meus colegas eram gentis e colaborativos. As pessoas a quem eu me reportava no novo emprego me tratavam com respeito e me davam independência para trabalhar. Além disso, fiquei agradavelmente surpresa quando entrei nas reuniões e encontrei todos rindo e se divertindo, empolgados em dividir os resultados do seu trabalho. Na Uber, cada conversa, cada interação era uma questão de poder. Na Stripe, isso raramente estava na cabeça das pessoas.

Os irmãos Patrick e John Collison, CEO e presidente da Stripe, deram a mim e à minha equipe a liberdade que precisávamos para transformar em realidade o sonho de fazer uma bela revista (que decidimos chamar de *Increment*) impressa e digital, que as pessoas na indústria de tecnologia adorariam ler. Eu sabia que não ia ser fácil: começar uma publicação do zero não era brincadeira, especialmente para quem não tinha experiência alguma em comunicação. E tinha um prazo curto para cumprir: precisei fazer uma edição completa da *Increment* em apenas dois meses.

Contudo, descobri que estava grata pelo desafio; a intensidade da tarefa foi bem-vinda. Vivíamos um período sombrio no mundo: Donald Trump tinha acabado de ser eleito presidente dos Estados Unidos e ninguém sabia o que esperar dele. Todos sentiam angústia e incerteza e havia um sentimento palpável de medo, inquietude e suspense no ar. Boatos diziam que a Rússia tinha interferido na eleição e muitos acreditavam que o próprio Trump estava ligado a isso. Eu não sabia o que estava por vir, se logo estaríamos em guerra, se a economia entraria em colapso e se os rumores sobre as conexões com a Rússia eram verdadeiros.

Passei a maior parte da vida às voltas com minhas lutas pessoais para prestar atenção ao que acontecia no mundo ao redor. A política não me afetara de forma alguma, e eu jamais tinha pensado que pudesse ser diferente, esquecendo que uma democracia atuante exigia o envolvimento de seus cidadãos. Ingenuamente, sempre presumi que tudo se resolveria, por bem ou por mal, e pessoas gerenciando o país sabiam o que estavam fazendo, com raras exceções. Depois da eleição de Trump, quando o país perdeu o controle, todas as minhas ilusões desapareceram. Eu me sentia atormentada, acreditava fortemente que o mundo não era mais problema de outra pessoa, mas sim, meu. Acho que muita gente também pensou o mesmo; o que antes considerávamos "problema de outra pessoa" agora era nosso: todos nós tínhamos uma consciência aguda e dolorosa de que éramos responsáveis por eles. Precisava fazer algo para deixar

A DENÚNCIA

o mundo melhor e com menos raiva à medida que a situação ficava mais confusa, polarizada e hostil.

Quando penso nesses primeiros meses do governo Trump, o que mais me lembro é da raiva. Às vezes, parecia que este era o único ponto em comum entre progressistas e conservadores: todos estavam raivosos. Todos procuravam alguém para atacar, corrigir, censurar, evitar, destruir. Todos procuravam alguém para colocar a culpa.

Eu queria deixar a Uber para trás, mas isso acabou sendo impossível. Quando entreguei a demissão, achei que a depressão que me atormentava sumiria de uma vez por todas, mas isso não aconteceu. Ansiava, antecipava e sonhava com o alívio, mas o peso no coração só aumentava a cada dia. Dizia a mim mesma: "Vou começar a me sentir melhor a qualquer momento. Se não for hoje, talvez amanhã." Mas eu só piorei.

Não podia escapar da Uber, que me seguia por toda parte. Minha família e amigos mais próximos sabiam o que tinha acontecido lá e não me perguntaram o motivo de ter saído; no máximo, questionavam por que levara tanto tempo para me demitir. Mas os novos colegas, parentes mais afastados e muitos amigos queriam saber por que eu tinha largado uma das startups de maior sucesso no mundo. Jornalistas me ligaram perguntando o motivo da minha demissão, esperando que eu dissesse algo que ainda não sabiam. Nunca soube o que responder. Como poderia explicar tudo o que havia acontecido? Não sabia nem por onde começar!

Até que um dia a Uber voltou às manchetes. No fim de janeiro, o presidente Trump emitiu a Ordem Executiva 13.769, que proibiu pessoas de sete países predominantemente muçulmanos de entrar nos EUA, gerando uma crise imediata nos aeroportos de todo o país. Pessoas das nações banidas foram detidas atrás dos portões de desembarque, mesmo se tivessem vistos e *green cards*. Ocorreram protestos e manifestantes, advogados e políticos correram para os aeroportos.

No meio do caos, taxistas da cidade de Nova York entraram em greve, recusando-se a pegar passageiros no aeroporto JFK em protesto contra a proibição. Os motoristas da Lyft se juntaram a eles em solidariedade. A Uber, contudo, não participou da greve. Houve uma comoção e a hashtag #DeleteUber entrou para os assuntos do momento no Twitter. Nos primeiros dias da hashtag, estima-se que duzentos mil usuários apagaram suas contas no aplicativo, número que continuou a crescer à medida que o Twitter e os meios de comunicação revelavam a ligação da Uber com o governo Trump. Junto com outros CEOs como Elon Musk, Travis Kalanick entrou para o grupo de conselheiros econômicos do presidente republicano logo após a eleição. Agora, diante da proibição de os muçulmanos entrarem nos EUA, funcionários e clientes da Uber pressionavam para que ele renunciasse. Diante da revolta cada vez maior dos funcionários e da insatisfação dos usuários, Kalanick saiu do conselho administrativo e a #DeleteUber saiu dos *trending topics* do Twitter.

Nas semanas seguintes, a temporada de avaliação de desempenho na Uber começou com tudo. Eu ainda estava em contato com amigos de lá e cada história que me contavam era outro pesadelo familiar. Muitos dos meus colegas homens tinham ouvido gritos dos gerentes até caírem em lágrimas. Outro colega ficou tão abalado ao ouvir o que os gerentes diziam sobre os funcionários que vomitou na cesta de lixo de uma das salas de reunião. As mulheres da LadyEng ainda enfrentavam a mesma situação de bloqueio de transferência que eu vivera, apesar de Thuan estar ciente e ter prometido resolver o problema.

Vi meus amigos serem esmagados até chegarem ao limite, um por um. Identificava na voz deles o mesmo desespero e a mesma

A DENÚNCIA

auto-aversão que senti, o mesmo que ouvira nas vozes dos colegas que chegaram a níveis suicidas de depressão apenas seis meses antes. A atitude deles variava entre a resignação e a raiva. Um dia eles diziam: "Vou enfrentar isso, a Uber não pode continuar tratando as pessoas desse jeito", e no seguinte, depois de outra reunião com os gerentes, confessavam, em tom de derrota: "Não consigo mais lutar. Estou muito cansado, não posso mais fazer isso. Quero desistir. Preciso desistir." Às vezes, eles faziam a pergunta que eu sempre tentava evitar:

— Quando você vai escrever sobre isso?

Mais uma vez, eu não sabia o que dizer. Esperava que algum dos jornalistas com quem conversara pudesse escrever sobre o assunto, mas era impossível fazer isso sem que meus amigos e colegas da Uber falassem abertamente, algo que ninguém estava disposto a fazer na época. Eu sabia que acabaria contando minha história. Nunca houve qualquer dúvida em relação a isso — era apenas uma questão de quanto tempo eu levaria para superar o medo. Estava consciente das consequências de ser uma denunciante; sabia o que acontecia com mulheres que delatavam casos de assédio, com funcionários de baixo escalão que enfrentavam empresas multi-bilionárias e com ex-funcionários da Uber que tentavam falar da empresa. Tinha medo de contar minha história e odiava admitir isso. Sempre que minha incapacidade de agir começava a pesar na consciência, eu a afastava, dizendo a mim mesma: "Hoje não. Talvez amanhã, mas hoje não."

Ansiando por alguma distração, mergulhei no trabalho. Reuni a melhor equipe que pude encontrar, com excelentes designers gráficos, engenheiros, gerentes, publicitários e juntos trabalhamos noite e dia para dar vida à *Increment*. Como não tinha um momento sequer a perder, tomei decisões rapidamente: seriam edições trimestrais, com versões impressa e digital, organizadas por temas; cobriríamos não somente notícias como assuntos perenes. A revista seria tão bonita que despertaria vontade imediata de folheá-la. Liguei para editores de pequenas e grandes revistas impressas para aprender com seus erros e triunfos, e fiz longas caminhadas pela cidade com editores e repórteres de tecnologia que me passaram as lições aprendidas a duras penas.

Tinha uma grande lista de temas que gostaria de abordar na revista — de biotecnologia a aprendizagem profunda, de arrecadação de fundos e contratação de engenheiros de software até arquitetura sem servidores —, mas era difícil escolher apenas um. Decidi falar das melhores práticas disponíveis por saber que, mesmo na pior das hipóteses de não conseguir ninguém para escrever para a revista, eu e a equipe de engenharia da Stripe poderíamos criar algo rapidamente. Convencer jornalistas experientes a escrever para uma editora inexperiente em uma revista nova que estava sendo financiada e gerenciada por uma empresa de tecnologia do Vale do Silício foi bem difícil. Todos queriam ver uma edição antes de assinar um artigo a ser publicado nela. Ryn Daniels, um excelente engenheiro de infraestrutura e também autor da O'Reilly, uma editora especializada em informática, aceitou o convite e escreveu sobre a criação de turnos para escalas de serviço sustentáveis — mas era o único que não era funcionário da Stripe. Foi uma luta para fazer o restante da edição: ficou a cargo de Will Larson, um dos gerentes de engenharia da Stripe (e meu antigo colega na Uber), um artigo sobre práticas de escalonamento de plantões. Por telefone, entrevistei o CEO da GitLab, Sid Sijbrandij, sobre o problema de interrupção de serviços ocorrido na empresa, e também engenheiros de mais de trinta empresas para saber como eles lidavam com as escalas de serviço. As respostas foram suficientes para fazer os três artigos restantes.

A DENÚNCIA

Ao mesmo tempo, Chad e eu estávamos planejando o casamento. Tínhamos pensado a princípio em uma cerimônia simples, e gastamos muito tempo e energia tentando encontrar uma maneira para todos os nossos amigos e parentes comparecerem. Como nada parecia funcionar para todos os envolvidos, decidimos adiar o casamento até o ano seguinte.

Contudo, agora que estávamos juntos, compartilhando o desejo de permanecer assim para sempre, não queríamos esperar mais. Queríamos casar, ter filhos e desejávamos que o restante da nossa vida começasse logo. Chad disse:

— Não vou me arrepender de não ter uma cerimônia grande, mas vou me arrepender de esperar outro ano para iniciar nossa família e de celebrar nosso segundo aniversário de casamento quando poderíamos celebrar o terceiro.

Concordei do fundo do meu coração e decidimos casar escondido.

Depois disso, tudo se encaixou. Rapidamente escolhemos o lugar em Maui, um hotel em uma parte linda e remota da ilha. Também descobri o vestido perfeito, mas era alguns números maior que o meu, então passei as noites com agulha e linha, costurando à mão, cuidadosamente, a renda delicada, até acertar o caimento. Quando o vestido ficou pronto, dediquei-me às alianças de casamento, garantindo que elas estivessem no tamanho certo e prontas para a viagem. Depois, surgiram as questões práticas: conseguir a licença para o casamento, reservar o local, pensar nos votos e planejar a viagem ao Havaí.

Além do trabalho, eu só conseguia sonhar e escrever sobre o casamento. Nas semanas anteriores ao grande dia, estava empolgadíssima, e escrevi no diário: "Eu consegui. Encontrei minha alma gêmea e, em 17 dias, vou me casar com ele", com o coração pleno de felicidade e alegria. Quase não parecia real para mim. De alguma forma, eu encontrara o ser humano mais incrível do planeta, me apaixonara por ele e era recíproco. Nossa relação envolvia muito mais do que poderia ser resumido na palavra "amor": éramos melhores amigos e confidentes um do outro, éramos parceiros em tudo, uma combinação perfeita entre habilidades, pontos fortes e fracos que se complementavam. Tínhamos o que eu sempre sonhei, desejei e tentei convencer a todo mundo que era possível.

O casamento foi como um sonho. Foi o dia mais maravilhoso e feliz da minha vida.

Tiramos alguns dias de férias e planejamos uma lua de mel naquele mesmo ano, para quando não estivéssemos tão ocupados. Voltamos para casa e diretamente para o trabalho. Na semana seguinte, durante a ida e a volta para o escritório da Stripe, li *Em busca de sentido*, de Viktor Frankl, livro no qual o autor conta as experiências terríveis que viveu em campos de extermínio durante o Holocausto, mostrando como o verdadeiro caráter sempre aparece nas circunstâncias mais difíceis: "Da maneira com que uma pessoa aceita o seu destino inevitável, assumindo com esse destino todo o sofrimento que se lhe impõe, nisso se revela, mesmo nas mais difíceis situações, mesmo no último minuto de sua vida, uma abundância de possibilidades de dar sentido à existência. [...] Dependendo da atitude que tomar, a pessoa realiza ou não os valores que lhe são oferecidos pela situação sofrida e pelo seu pesado destino. Ela então será 'digna do tormento', ou não."[9] Enquanto li estas palavras, peguei-me julgando meu receio e minha incapacidade de agir. Eu

---

9 VIKTOR E, Frankl. *Em busca de sentido*. Tradução de Walter O. Schlupp e Carlos C. Aveline. Porto Alegre: Editora Vozes, 2017. [*N. da R.*]

A DENÚNCIA

não precisava estar nas piores circunstâncias para conhecer meu verdadeiro caráter. Meu caráter estava bem nítido naquele momento, e não gostei do que vi: uma pessoa sem coragem, que teve a oportunidade de lutar e fazer o certo, mas estava assustada demais para isso; uma pessoa que tinha escapado de uma situação terrível e nada fizera para ajudar os que ficaram para trás. Em um lampejo mórbido de lucidez, percebi que, se mais um dos meus amigos ou ex-colegas tirasse a própria vida porque eu nada fizera para evitar que isso acontecesse, eu teria sangue nas mãos.

Eu não podia esperar mais. Já tinha esperado demais.

Em um domingo de manhã, apenas uma semana depois do casamento, me vi sentada na mesa da cozinha, enrolada no meu cobertor favorito, com o laptop aberto e a cabeça a mil por hora. Tentava editar algumas páginas do livro de física que estava escrevendo, mas tive que desistir. Não conseguia parar de pensar no que tinha vivido na Uber, no que meus amigos ainda estavam passando e na minha covardia. Olhei o celular, esperando ver alguma mensagem de Chad dizendo que voltaria mais cedo da academia ou da minha irmã mais nova falando do trabalho, mas não havia nada. Tentei ver um episódio de *Seinfeld* para me distrair, mas nem isso deu certo. Tinha que contar minha história e precisava fazer isso naquele momento.

Abri o blog e encarei a página em branco à minha frente.

Fechei o laptop.

Pensei em todas as formas pelas quais aquilo poderia dar errado e mil cenários terríveis passaram pela minha cabeça. Se eu contasse tudo, sabia que o meu destino seria o mesmo de outras mulheres que denunciaram assédio sexual e tratamento inadequado: eu perderia o emprego, teria a reputação destruída e seria eternamente rotulada como "a mulher que sofreu assédio sexual"; perderia os amigos e, com apenas uma semana de casamento, colocaria meu marido e sua empresa em perigo. A Uber não era qualquer empresa: era a startup privada mais valiosa da história do Vale do Silício; ela jogava sujo e para vencer. Sabia o que ela tinha feito a jornalistas e outros funcionários: a empresa tinha ameaçado a jornalista Sarah Lacy e sua família, e enviado um detetive particular atrás da ex-funcionária Morgan Richardson. A Uber viria atrás de mim se eu escrevesse algo. Isso era inquestionável.

Com base em tudo que eu sabia, contar minha história para o mundo provavelmente destruiria minha vida. Sentada diante do computador, eu só conseguia pensar que depois de tudo pelo que passara e que lutara para conquistar, jogar tudo fora seria um erro colossal, mas não havia alternativa viável. Nenhum jornalista publicaria minha história e, tendo concordado com a arbitragem obrigatória para conseguir o emprego, eu não poderia processar publicamente a empresa. Pensei que haveria uma chance de conseguir que a cláusula de arbitragem fosse descartada por um juiz, mas o caso provavelmente seria resolvido com um acordo antes de chegar a um tribunal — e, mesmo se assim fosse, a essa altura seria tarde demais para ajudar os amigos que deixara para trás. Procurar um advogado não resolveria nada. *Além disso*, pensei, olhando para trás e lembrando o que me ocorrera na Penn, *qualquer advogado de respeito me diria para não escrever sobre isso.*

Eu não sabia o que fazer. No fundo do coração, sentia que escrever minha história e dividi-la com o mundo era o certo a fazer, mas as possíveis consequências eram tão terríveis que eu não acreditava que *realmente* tivesse a obrigação moral de fazê-lo. Por outro lado, o preço de não agir parecia grande, talvez até maior, do que o custo de agir. Meu medo era que a Uber levasse mais um funcionário ao suicídio.

Naquele momento, minha cabeça me levou a um lugar onde já estivera antes, tentando decidir se a obrigação moral está nas consequências de uma ação, na ação em si ou nos motivos para

A DENÚNCIA

agir. O certo era fazer o que traria as melhores consequências, o que exemplificava virtudes como justiça, honestidade e coragem ou algo totalmente diferente? À frente do laptop, me fiz essas perguntas repetidamente, esperando que a resposta ficasse óbvia. Eu queria fazer não só o que fosse certo para mim, mas o que era *objetivamente* certo.

Foi quando me dei conta: eu não tinha como prever as consequências das minhas ações. Não fazia ideia do que realmente aconteceria se publicasse o texto no blog; poderia só imaginar, mas e se eu estivesse errada em relação às consequências? Como não tinha informações suficientes para saber quais seriam elas, não poderia saber o que era a atitude objetivamente certa a tomar; apenas poderia ter uma ideia subjetiva do que deveria fazer, e só poderia decidir a atitude certa considerando as minhas informações extremamente limitadas. *E como diabos a obrigação moral pode ser determinada pela atitude que tiver as melhores consequências se você não tem como saber quais seriam elas?*, pensei.

Danem-se as consequências. Precisava deixá-las de lado e não permitir que elas influenciassem minha decisão, então pensei em cada consequência possível e dolorosa: minha carreira ser arruinada; ninguém querer me contratar; ser considerada uma pessoa problemática ou um risco, como acontecera na Penn; ter que recomeçar a vida de novo, depois de finalmente ter encontrado uma nova carreira; ser arrastada aos tribunais pela Uber — então deixei todas essas preocupações para trás. Quando chegasse a hora, eu lidaria com as consequências, quaisquer que fossem.

Naquele momento eu soube o que precisava fazer. Percebi que vinha me preparando para aquele dia e aquela decisão havia muito tempo. Todos os anos em que escrevi diários sobre mim e a minha vida, tentando descobrir quem eu era e como poderia ser uma pessoa melhor, e todas as vezes que me sentei à mesa e refleti sobre o meu caráter, assumindo a responsabilidade pelos meus erros, tentando desenvolver virtudes e evitar vícios — escrever e refletir não só melhorara o meu caráter e me transformara em uma pessoa melhor, como me preparara para aquele momento. Sabia o que era justo, verdadeiro, corajoso e certo. Enfrentar a injustiça era certo. Não ceder ao medo era certo. Dizer a verdade era certo. Tudo isso era o correto em qualquer circunstância, independentemente das consequências.

Eu sabia o que precisava fazer. Eu tinha que falar.

Agora que me decidi a escrever, pensei cuidadosamente na forma de fazer isso. Não poderia mostrar qualquer emoção: meu tom precisava ser moderado, equilibrado, com distanciamento. Precisava ter cuidado com o que incluiria no texto e no que deixaria de fora. Não citaria *ninguém* no texto, exceto por títulos informais. E o principal: cada frase escrita precisaria ter uma extensa documentação por escrito a sustentá-la.

Escrevi o texto inteiro, do início ao fim, em menos de uma hora. Cada palavra foi deliberadamente escolhida e cada frase, cuidadosa e propositalmente composta. Escrevi sobre as mensagens de Jake e minhas interações com o RH; sobre a minha avaliação de desempenho ter sido alterada para que não pudesse me transferir; sobre as jaquetas e a reunião com o diretor de tecnologia. Depois, fui ao escritório e procurei cada pedaço de documento físico que tinha do meu período na Uber para garantir que poderia provar tudo o que dissera: cópias das mensagens de Jake, cópias impressas das minhas avaliações de desempenho, o e-mail que mandara ao chefe do RH sobre a conversa com Jan e mais. Analisei as capturas de telas e fotos, os e-mails e textos de diário, minha agenda pessoal e mais notas de post-it até encontrar tudo o que precisava. Em seguida, reli tudo pela última vez.

E cliquei em "Publicar."

CAPÍTULO **ONZE**

Meu texto foi repercutido por quase todos os grandes veículos de comunicação meia hora depois de ser publicado, e esses primeiros trinta minutos foram a calmaria antes da tempestade. Logo depois de ter feito a publicação no blog, divulguei o link para o texto no Twitter e observei-o ser compartilhado por meus amigos, amigos deles, executivos e investidores na indústria de tecnologia, além de repórteres e celebridades. Depois tudo veio de repente, como uma enxurrada. Houve uma inundação de mensagens e telefonemas, alguns de amigos e parentes, outros de números desconhecidos, além de notificações das redes sociais. Meu Gmail e Twitter foram os primeiros a cair: eu estava recebendo mensagens demais e eles não deram conta. A tela do meu celular começou a piscar, sem conseguir suportar o excesso de notificações; o aparelho travou várias vezes. Ele vibrava quando as notificações passavam pela tela, depois travava. Aí eu desligava, reiniciava e ele começava a vibrar de novo. Eu fiquei paralisada. Com o celular inutilizado, não conseguia falar com ninguém. Não podia ligar para Chad, para minha mãe e meu padrasto a fim de avisá-los que eu estava prestes a virar notícia.

Peguei o telefone que travava, vibrava, tocava e reiniciava infinitamente e o levei para o quarto. Sentei no chão ao lado da cama e observei o aparelho vibrar, tocar, travar e reiniciar sozinho, repetidamente. Não sei quanto tempo fiquei sentada lá, observando, com a mente incapaz de entender totalmente o que tinha acabado de fazer. Em algum momento, Chad voltou da academia e me encontrou ainda no chão, olhando para meu celular. Preocupado, perguntou o que estava acontecendo e eu respondi:

— Amor, acho que fiz uma loucura.

Pelo restante do dia, Chad e eu sentamos no sofá e vimos os telejornais falarem da minha história. A imprensa fizera de tudo para entrar em contato comigo. A caixa de entrada do meu e-mail estava cheia de pedidos de canais de TV, revistas e jornais do mundo inteiro. Levei algumas horas para desligar as notificações no celular e fazê-lo parar de travar — para descobrir que a caixa postal estava cheia. Quando conseguiu falar comigo ao telefone, meu padrasto, nervoso e assustado, me disse que recebera uma ligação de um produtor da *NBC News*, dizendo que precisava entrar em contato comigo imediatamente porque era uma emergência. Pensando que eu tinha sofrido algum acidente ou estava com algum problema, ele dera meu número de telefone para eles. Muitos amigos e parentes me mandaram mensagens de texto se dizendo confusos, porque repórteres estavam ligando e pedindo informações sobre mim e o que eu tinha escrito.

Não levou muito tempo para a Uber descobrir o que eu tinha feito. Horas depois de o texto ser publicado, Travis Kalanick o retuitou, dizendo: "O que está descrito aqui é horrendo e vai contra tudo o que acreditamos. Qualquer pessoa que se comporte desta forma ou pense que isso é ok será demitida." Amigos e ex-colegas da Uber entraram em contato comigo. Os que vivenciaram os assédios e sabiam o que estava acontecendo na empresa não fica-

A DENÚNCIA

ram surpresos com o que eu tinha escrito e me agradeceram por contar a história ao mundo. Um dos meus amigos comemorou: "Finalmente!" Alguns funcionários da Uber que eu não conhecia entraram em contato expressando choque e descrença por tudo aquilo ter acontecido na empresa. Alguns sentiam raiva da Uber, mas outros tantos estavam com raiva de mim.

Não demorou muito para ouvir a reação do meu novo empregador. Embora o CEO e meu gerente direto tenham me elogiado pela coragem, a chefe de comunicações da Stripe não parecia feliz. Em um telefonema naquela tarde, ela perguntou por que eu não tinha pedido aprovação antes de escrever meu texto, acrescentando que era isso o que eu deveria fazer para tudo o que dissesse no futuro. Garanti a ela que não planejava dizer mais nada — não tinha planos de falar com a imprensa, dar qualquer entrevista ou ir a nenhuma rede nacional de TV. Aliviada, ela disse que era melhor assim, pois "você não quer ver seu nome associado a assédio sexual e a Stripe também não". Ela me pediu para trabalhar de casa até a atenção diminuir, pois os repórteres certamente iriam ao escritório me procurar.

Sentia-me sobrecarregada. Para sair de casa e me distrair, fui até a livraria mais próxima e deixei o celular em casa. Tomei uma xícara de café na cafeteria da loja, depois andei pelos corredores cheios de livros e pensei na minha infância. Todos os domingos depois da igreja, a família Fowler entrava na antiga minivan azul sem ar-condicionado e ia até Phoenix. Parávamos nas livrarias que tinham a melhor seção de filosofia e o melhor acervo de ficção. Nós nos espalhávamos pelas lojas, procurando as seções favoritas de cada um, sentávamos nos corredores e líamos por horas. Naquele momento, eu desejava que minha vida pudesse voltar a essa simplicidade.

189

Peguei uma biografia de Abraham Lincoln e encontrei um canto tranquilo na seção de ciência da computação para começar a ler. Alguns minutos depois, ouvi duas pessoas no corredor falando do meu texto no blog, discutindo se eu estava dizendo a verdade e questionando o que aconteceria a Uber. Tentei ignorá-los, mas não consegui; então decidi comprar a biografia e voltar para casa. Quando a caixa me atendeu, ela me perguntou:

— E aí, o que você fez hoje?

A verdade era que eu não conseguia acreditar no que tinha feito aquele dia. Eu sabia que publicar meu relato era o certo a fazer, e que *alguém* o leria, resultando em atenção da imprensa e do público —, mas não fazia ideia de quantas pessoas se interessariam por minha história. Antes de sair de casa, verifiquei o tráfego do site esperando centenas de visitas, talvez milhares. O máximo de visitantes que meu blog tinha recebido era cem mil por um texto que escrevera sobre aprender física. Quando vi os números, não pude acreditar: milhões de pessoas tinham lido meu blog nas primeiras seis horas. *Milhões.* Se eu já tinha medo das consequências antes, agora eu estava apavorada.

Andava para casa e pensava no que a chefe de comunicações da Stripe tinha me falado no telefone: "Você não quer ver seu nome associado a assédio sexual." As palavras dela ecoavam na minha cabeça. *É assim que todos vão me conhecer pelo restante da minha vida*, pensei. *Sempre serei a mulher que foi assediada sexualmente na Uber.* Pensei em tudo o que tinha feito até então, nas lutas que enfrentara, nas minhas conquistas. Tinha vencido a pobreza, conseguira o diploma do ensino médio, entrara em uma das melhores universidades do mundo, aprendera física e engenharia de software sozinha, publicara um livro sobre arquitetura de software. Esses desafios pareciam insuperáveis na época, mas, olhando para trás, não tinham sido as partes mais difíceis da minha vida. O que tinha

A DENÚNCIA

sido impossível de superar eram os obstáculos que outras pessoas levantaram no meu caminho. Ser a heroína da minha história quando as outras pessoas estavam determinadas a fazer de mim a vítima e me transformar em sujeito em vez de objeto da minha vida — essas eram as batalhas que nunca descobri como vencer. Quando estava lutando pela minha educação e pelo tratamento justo dos meus empregadores na UA e na Penn, fui derrotada várias vezes. No fim das contas, as instituições eram mais fortes e mais poderosas e sempre tinham algo que eu desejava desesperadamente e que elas poderiam tirar de mim. Até aquele momento.

Percebi que todas essas experiências tinham me preparado para o que estava acontecendo. Não era o pensamento mais reconfortante do mundo. Se pudesse, preferia apagar todos os momentos dolorosos da minha vida. Daria tudo para ter vivido uma vida na qual eu fosse livre para ser eu mesma, correr atrás dos meus sonhos sem medo de represálias. Mas agora, havia uma possibilidade de todas essas situações terríveis não terem acontecido em vão. Aprendi com elas e talvez, finalmente, tivesse encontrado um jeito de ser a protagonista da minha história. Talvez as pessoas pensassem em mim não como "a mulher que foi assediada na Uber" e sim como "a mulher que teve coragem e denunciou o assédio na Uber".

Quando voltei para casa aquela noite, junto com todo o choque, o torpor e o distanciamento do meu corpo que senti desde que o texto do blog viralizou naquela manhã, senti paz no coração. Talvez as pessoas só me conhecessem por esse texto no blog, mas será que era um destino tão terrível assim? Isso significaria que elas me conheciam porque eu tinha feito algo importante ao me defender, contado minha história e, talvez, isso desse coragem para mais pessoas fazerem o mesmo.

SUSAN J. FOWLER

Acordei cedo na manhã seguinte, aliviada porque o dia anterior era passado; comecei o novo dia como se nada tivesse acontecido. Subi para a cozinha, onde Chad estava fazendo café e uma de suas vitaminas favoritas de mirtilo, banana e leite de coco. Beijei-o, coloquei um bagel na torradeira e sentei à mesa com o laptop. Eu tinha certeza de que meu texto no blog seria esquecido rapidamente, como a maioria das notícias virais. Quando abri o e-mail e vi a linha do tempo do Twitter, descobri que as pessoas estavam mais interessadas na minha história naquele momento do que no dia anterior. Fechei meu laptop, peguei o da Stripe e tentei concentrar toda a atenção no trabalho para a edição seguinte da *Increment*.

Os primeiros dias depois da publicação do texto no blog foram mais ou menos os mesmos. Toda manhã, eu acordava e passava um tempinho tomando café com Chad antes que ele saísse para o trabalho. Em seguida, tomava banho e começava a me preparar para o trabalho — até lembrar que a imprensa provavelmente ainda me esperava no escritório da Stripe e eu precisava trabalhar de casa. Então, tirava o laptop da mochila, ia para o meu pequeno escritório e trabalhava até o fim do dia. Sentada diante do computador, tentava me concentrar no trabalho, mas a cabeça sempre ia para outra direção. Com novos e-mails se acumulando na caixa postal a cada hora, além das ligações e mensagens me interrompendo o tempo todo, eu só conseguia me sentir ansiosa e distraída.

Para piorar a situação, havia uma nova história nos jornais sobre mim ou a Uber a cada dia. Eu conseguia deixar de lado as pequenas matérias, mas era impossível ignorar as grandes. No dia seguinte à publicação do meu relato, Travis Kalanick e a Uber contrataram os advogados Erick Holder, ex-procurador-geral dos EUA no governo Obama, e Tammy Albarrán, sócia do escritório Covington & Burling, para "conduzir uma análise independente sobre as questões específicas relacionadas ao ambiente de trabalho que foram

A DENÚNCIA

levantadas por Susan Fowler, bem como avaliar a diversidade e a inclusão na Uber em sentido mais amplo". De acordo com a Uber, esta investigação seria supervisionada por Arianna Huffington e pela diretora de recursos humanos da Uber, Liane Hornsey.

Contudo, a mensagem pretendida por Kalanick que a Uber era uma empresa responsável e levava as acusações a sério logo foi ofuscada por uma longa denúncia no *New York Times*, na qual o repórter Mike Isaak detalhava a cultura "hobbesiana" nociva da empresa, mencionando desde um gerente agredindo um funcionário com um taco de beisebol aos casos de assédio, agressão, roubo e uso de drogas que ocorrera durante a famosa "viagem a Las Vegas" (motivo para o adiamento da minha entrevista na sede da Uber). Depois desse texto, dois dos primeiros investidores na Uber, Mitch Kapor e Freada Kapor Klein, escreveram uma carta aberta ao conselho diretor e aos investidores da empresa que foi publicada por diversos veículos de comunicação; eles diziam saber da cultura da Uber há muito tempo, tentando discretamente mudá-la por dentro. A Waymo, subsidiária da Google que estava desenvolvendo carros sem motorista, processou a Uber por quebra de patente e roubo de segredos corporativos. Além disso, vazou um vídeo de Travis Kalanick brigando com um motorista do aplicativo Uber.

Havia algo legitimador em todas as histórias que finalmente estavam sendo divulgadas sobre os problemas na Uber, pois elas mostraram ao mundo que o tratamento inadequado recebido por mim e meus colegas não foram incidentes isolados e, como eu sabia muito bem, os maus tratos da Uber aos funcionários e o comportamento corporativo absurdo não se limitavam ao assédio sexual. Contudo, significava mais frustração e cansaço que validação: eu não conseguia entender como tanta gente poderosa dentro da empresa, como alguns investidores e funcionários de alto escalão, sabia o quanto a cultura da Uber era terrível, mas ninguém levara as histórias ao conhecimento do público até eu ter contado tudo. Um ponto de destaque era em relação às críticas de pessoas fora da empresa e muita gente já tinha feito isso, condenando a Uber pela maneira de pagar e tratar os motoristas, e por driblar ou simplesmente ignorar as regulamentações; mas era totalmente diferente pessoas dentro da empresa estarem cientes do abuso emocional e físico que levava os funcionários ao limite e não agirem. Lendo textos como a carta dos Kapor, senti raiva: os investidores da empresa sabiam de tudo o tempo todo e não fizeram nada.

Enquanto isso, a enxurrada de e-mails, mensagens, comentários e tuítes não parava, com pessoas expressando todo tipo de opinião sobre o que eu tinha feito. Gente do mundo inteiro e de todo tipo me agradecia pela denúncia. Outras mulheres que tinham sido vítimas públicas de assédio e discriminação, como Gretchen Carlson, mandaram mensagens de apoio e estímulo. Celebridades e políticos enviaram mensagens gentis e até me apoiaram em eventos públicos. Em sua primeira aparição oficial pública desde a eleição, Hillary Clinton mencionou o meu texto e me apoiou publicamente. É lógico que também havia mensagens de ódio. "Precisamos ver se é realmente machismo ou delírio feminista", disse um comentarista no meu blog; "Isso é calúnia", escreveu outra; "Espero que você não tenha quaisquer depósitos rastreáveis da Lyft na sua conta ou vai acabar na cadeia". Os comentários não paravam: "Você banca a vítima muito bem"; "Grande coisa... Eu digo que é mentira"; "Cala a porra da boca e siga em frente, ninguém se importa com o seu drama psicótico".

Contudo, a maioria das mensagens que recebi veio das milhares de pessoas que gostariam de contar suas histórias de assédio, discriminação e retaliação: algumas trabalharam na área acadêmica e foram obrigadas a abandonar a carreira e cargos concursados; outras foram obrigadas a aceitar arbitragem, acordos secretos ou ordens de

A DENÚNCIA

silêncio impostas por empresas onde viveram todas as formas de discriminação e retaliação que se possa imaginar. Essas pessoas viveram experiências muito piores do que as minhas. Elas foram agredidas no trabalho, perseguidas por colegas e chefes, demitidas por estarem grávidas e ouviram os piores insultos. Várias disseram que gostariam de ter ido a público, mas estavam com muito medo; algumas disseram que meu texto mudara o mundo: pela primeira vez uma mulher tinha falado sobre assédio e discriminação, o mundo ouvira e ela saíra ilesa.

Nesses primeiros dias, realmente parecia que eu tinha virado o jogo e, apesar dos comentários de ódio na internet e de precisar trabalhar de casa por um tempo, havia a possibilidade de sair ilesa, sem sofrer as consequências típicas de denunciar uma grande empresa. Comecei a questionar se a maior parte dos meus medos em relação à Uber vir atrás de mim, às pessoas tentarem me desacreditar, a minha carreira e futuro estarem em perigo eram infundados. Parecia bom demais para ser verdade.

E realmente era. Logo fui arrancada dos meus devaneios e acordei para um verdadeiro pesadelo.

CAPÍTULO **DOZE**

Pouco tempo depois de publicar meu relato, comecei a ouvir histórias estranhas dos meus parentes, amigos e conhecidos. Repórteres entraram em contato com eles desde o início, pedindo informações a meu respeito (o que era irritante, mas esperado), mas agora eles também estavam sendo procurados por pessoas que definitivamente não pareciam jornalistas. Ouvi o mesmo tipo de história várias vezes: alguém se aproximava de um amigo ou parente para pedir informações "pessoais" sobre mim, fazendo perguntas sobre minha vida pessoal e o meu passado que soavam bem estranhas. Algumas dessas pessoas ligavam de números privados e se identificavam com nomes e cargos que pareciam falsos, de acordo com buscas no Google. A frequência dessas interações estranhas aumentava a cada dia.

Alguns amigos disseram que foram procurados, mas garantiram que não deram informação alguma; outros admitiram ter falado demais, e havia os que eu sabia que tinham sido procurados e não me avisaram, o que me assustava ainda mais.

No início, meus parentes e os amigos do Vale do Silício foram procurados; os próximos foram aqueles com quem eu não falava há anos. Seja lá quem estivesse tentando cavar alguma sujeira ou vulnerabilidade a meu respeito, estava indo fundo na minha história, falando com pessoas que eu tinha até esquecido que conhecia. Eu não sabia quem estava tentando conseguir essas informações e nem como eles conseguiram descobrir tanto sobre o meu passado. Não fazia ideia do que eles procuravam e nem o que encontrariam. Era assustador.

Uma das pessoas que eles procuraram foi um colega de faculdade com quem eu não falava desde 2006. Outra foi um antigo vizinho que eu não via desde a adolescência, e que disse:

— Alguém está realmente procurando informações sobre você, Susan. E é assustador o quanto eles estão indo longe para isso.

Eles entraram em contato com um professor que escrevera uma das minhas cartas de recomendação para a faculdade. Quando ele me procurou, estava em pânico e preocupado comigo. Não havia como alguém saber que nós nos conhecíamos, a menos que tivessem visto os documentos que eu enviara para a faculdade. Assustada e preocupada, adiei a ligação para alguns amigos mais antigos depois que eles me alertaram para a situação, incluindo o antigo professor. Quando finalmente tentei procurá-lo, descobri que ele tinha morrido. Foi terrível saber que o homem que desempenhara um papel fundamental para a minha entrada na faculdade, que tinha sido meu mentor e feito o que podia para me ajudar a ter uma vida melhor, havia partido, e que a última conversa que ele tivera sobre mim fora com um investigador particular.

Os investigadores acabaram entrando em contato comigo diretamente. Foi uma experiência surreal. Eu já tinha sido procurada por centenas de repórteres, que (quase) sempre se identificavam e tentavam me convencer a falar oficialmente (o que eu me recusava a fazer). A maioria das vezes era fácil verificar se os jornalistas eram mesmo quem diziam ser. Eu podia contatar os editores e

A DENÚNCIA

confirmar as informações a mim fornecidas, procurar os perfis nas redes sociais e confirmar se eram reais e ler as matérias anteriores escritas por eles. De vez em quando, porém, recebia ligações de pessoas que não eram quem diziam ser. Ou era impossível verificar as informações ou uma busca no Google indicava que ninguém com aquele nome ou cargo trabalhava onde a pessoa dizia estar empregada. As experiências eram assustadoras e similares às que alguns amigos tinham descrito: uma pessoa ligava usando um número privado ou desconhecido, usando um nome falso, fazendo perguntas de um jeito que a maioria dos repórteres jamais faria. Eu raramente atendia ao telefone, apenas se a ligação viesse de um número conhecido ou se estivesse esperando que alguém me ligasse naquele exato momento.

Uma vez, quando aguardava uma loja me ligar para acertar a entrega de um móvel, recebi a ligação de um número desconhecido e atendi. A mulher que estava na linha se identificou como investigadora particular, disse que estava trabalhando em um caso contra a Uber e me pediu para ajudá-la. Recusei com uma risada, depois fiz um pouco de trabalho de detetive por conta própria e descobri que a firma de investigação particular para a qual ela trabalhava lidava quase exclusivamente com casos em que tentavam desacreditar vítimas de assédio e agressão sexual em prol das empresas.

Enquanto isso, alguém tentava entrar nas minhas contas das redes sociais. O celular tocava sempre que recebia uma mensagem de autenticação de dois fatores para minhas contas de e-mail, do Facebook e do Twitter, significando que alguém tentava invadi-las. Trocava minhas senhas imediatamente e com frequência; até reservei um segundo celular para receber as mensagens da autenticação de dois fatores, mas não foi o suficiente. Minha conta do Facebook foi invadida várias vezes, além de contas de e-mail que eu não usava há anos. Mais ou menos na mesma época, a conta do Facebook da minha irmã caçula foi invadida usando uma técnica comum de *phishing*. Assim que ela me contou o ocorrido, olhei as mensagens que tinha mandado para ela recentemente e as vi passarem de "não lidas" para "lidas".

Um terror profundo e doloroso caía sobre mim enquanto eu me preparava para assistir às piores partes da minha vida serem divulgadas ao público. Enquanto isso, cada vez mais eu me isolava. Ainda trabalhava de casa e havia poucas pessoas com quem eu podia falar sobre o que estava acontecendo. Várias vezes confiei em algum amigo e depois vi nossas conversas replicadas por um repórter alguns dias depois. Sentia náuseas todos os dias e tinha dificuldade para dormir. Ficava acordada no meio da noite, tentando não acordar meu marido, a cabeça em um turbilhão procurando lembranças de todos os erros que cometi, todas as mentiras que contei e todas as pessoas que magoei. Eu era assombrada por todas as brigas, todas as mensagens de texto furiosas e todos os términos de relacionamento. Repassava tudo o que tinha dito e poderia ser mal interpretado, a ponto de causar uma má impressão sobre mim, além de todas as piadas que já contei e poderiam ofender alguém e todas as ideias idiotas e erradas nas quais já tinha acreditado e repetido. Pensei em todas as formas pelas quais os fatos da minha vida poderiam ser distorcidos e usados para me atingir, e como seria fácil para a Uber me desacreditar usando a minha internação em uma instituição de saúde mental depois da morte do meu pai. Como todas as pessoas neste mundo, eu cometera incontáveis erros pelos quais poderia ser crucificada publicamente com facilidade, e tinha certeza de que quem estivesse atrás de mim tentaria encontrar um jeito de usar essas informações para me destruir.

Não sabia quem ou o que eu estava enfrentando. Tinha certeza de que era a Uber, embora não tivesse provas concretas disso. Pesquisadores de segurança se ofereceram para sondar a situação e

A DENÚNCIA

me deram nomes de muitas firmas de investigação particular que a Uber contratara no passado, incluindo a que tinha tentado entrar na casa de Morgan Richardson no ano anterior. A mais recente era uma empresa administrada por antigos agentes da CIA, segundo me contaram. Isso me assustou ainda mais.

Implorei à Uber para interromper o processo. Mandei e-mails para executivos e diretores da empresa, pedindo para chamar de volta seus investigadores ou, se eles não estivessem por trás disso, declarar não serem os responsáveis e criticar aqueles que eram. Arianna Huffington, a diretora que supervisionava a investigação de Holder, respondeu não acreditar que fosse a Uber, pois tinha perguntado à equipe executiva e haviam dito a ela que não tinha sido ordem deles — mas ninguém negaria a contratação de investigadores ou condenaria sua ação publicamente. Embora dentro da Uber ela alegasse falar comigo com frequência e até foi aos jornais dizer que "trocávamos e-mails regularmente", aquela tinha sido a primeira e única vez que entrei em contato com Arianna.

Em desespero, tuitei que suspeitava ser alvo de uma campanha de difamação. Isso finalmente chamou a atenção da Uber e a empresa fez questão de dizer que não estava por trás disso; declararam publicamente que não estavam fazendo qualquer investigação particular a meu respeito. Segundo eles, os únicos advogados que haviam contratado para investigar minhas alegações eram Eric Holder e Tammy Albarrán.

Fiquei aliviada e pela primeira vez em muito tempo, senti que podia respirar de novo, mas esse alívio durou pouco: logo descobri que eles mentiram quando recebi um e-mail de outra advogada contratado pela Uber, admitindo que estava fazendo uma investigação separada e independente a meu respeito.

SUSAN J. FOWLER

Enquanto esperava e temia vir à tona o que eles estavam cavando sobre o meu passado, os boatos sobre mim e minhas motivações já estavam circulando; logo imaginei que eles vinham de dentro da Uber. O primeiro surgiu através de uma repórter que me ligou no final de fevereiro para saber se eu confirmaria algo que ela tinha ouvido de uma fonte: que a Lyft me pagara para escrever um texto difamatório sobre a Uber. Era obviamente falso e disse isso. Em alguns dias, ouvi novas versões desse boato de outros repórteres, da indústria de tecnologia e de funcionários da Uber — todos alegando que eu recebera dinheiro da Lyft para escrever meu relato.

Assim que esse rumor morreu, outro rapidamente assumiu o lugar dele: os capitalistas poderosos do Vale do Silício eram responsáveis pelo texto publicado no meu blog e por divulgá-lo maciçamente. Em algumas versões desse boato, esses "poderosos" eram investidores da Lyft, Google ou da empresa de Chad. Uma repórter do site *Business Insider* disse em um e-mail (ao qual eu nunca respondi) que ela estava escrevendo sobre uma "teoria da conspiração que diz que alguém relacionado à empresa do seu marido estimulou você a escrever o texto e depois ajudou a viralizá-lo".

Quando esses rumores não colaram, surgiram outros atacando meu caráter e questionando meus motivos. Eu tinha feito aquilo pela fama, para me promover; estava escrevendo um livro sobre a Uber e tentava chamar a atenção da imprensa para ele (eu só consegui o contrato para este livro muito, muito tempo depois). Alguns dos boatos beiravam o absurdo: meu marido era gerente da Uber quando nos conhecemos e eu tinha mentido sobre o assédio sexual de Jake para encobrir nosso relacionamento; que os executivos da Uber participavam de orgias regulares com jovens engenheiras, incluindo esta que vos escreve, e que eu era uma péssima escritora e meu marido redigiu o texto do blog por mim.

Tinha certeza de que muitos desses rumores eram espalhados pela Uber porque meus amigos de lá confirmaram que eles

A DENÚNCIA

circulavam dentro da empresa. Uma amiga estava no banheiro feminino quando entreouviu uma gerente falar com outras duas funcionárias que elas não deveriam acreditar no que eu escrevera porque a concorrência estava me pagando para espalhar mentiras. Outra amiga ouviu de um gerente que eu estava sendo chantageada por investidores da Lyft. Além disso, muitos boatos que ouvi de repórteres e pessoas de fora da Uber eram sempre acompanhados da frase "alguém próximo da Uber", "alguém próximo à diretoria", ou até mesmo "alguém *na* Uber".

Meu desejo era procurar todos os repórteres que entraram em contato comigo e dizer o que estava vivendo, com detetives particulares e contas invadidas, mas preferi ser discreta, apenas confirmando ou negando informações em off nos casos mais graves. Eu sabia que precisava ficar quieta; tinha ganhado a batalha, mas ainda precisava vencer a guerra. O que eu escrevera era apenas um conjunto de alegações, desfavoráveis, sem dúvida, mas alegações mesmo assim. Algumas das matérias sobre a Uber que surgiram depois que eu publiquei meu texto tinham provado algumas das minhas alegações sobre a cultura da empresa, mas isso não era o suficiente. Qualquer justiça que viesse da reação pública ao meu texto era somente isso: a justiça das multidões. Mas isso não bastava para mim ou para quem realmente se importava com essas questões e desejava mudanças reais e duradouras. Como eu não podia processar a Uber, a única esperança era que uma investigação independente pudesse comprovar minhas alegações. A que estava sendo empreendida por Eric Holder ainda tinha um longo caminho pela frente, e até ele divulgar seu relatório eu teria que esperar.

O único meio pelo qual eu podia tratar de fofocas, rumores e divulgar atualizações era o Twitter. Tentava não postar com frequência, mas se havia algo que precisava abordar, aquela rede social era o jeito mais fácil e eficaz de fazer isso. Sempre que eu publicava algo sobre a Uber ou qualquer assunto relacionado à empresa, aquilo era visto por repórteres e acabava nas manchetes. A Uber odiava isso. Em um determinado momento, o próprio Eric Holder me pediu para parar de tuitar e recomendou que eu ficasse quieta até o fim da investigação. Para piorar a situação, a Stripe também não estava feliz com a atenção da imprensa e a chefe de comunicação queria que eu assinasse um acordo formal, dizendo que eu não falaria publicamente sem a aprovação da companhia. Segundo ela, eu estava trazendo atenção demais para a Stripe, pois os repórteres ligavam para ela perguntando sobre a cultura da empresa. Recusei-me a assinar o acordo, mas prometi à Stripe que não diria nada que trouxesse atenção negativa para ela. Com medo de enfurecer Eric Holder e prejudicar a investigação, e temendo perder o emprego se dissesse algo mais, permaneci calada.

Por mais assustador e irritante que fossem as investigações e os rumores, nada dava tanto medo quanto ser seguida, o que começou a acontecer logo depois de eu ter publicado o texto no blog.

A pedido da Stripe, trabalhei de casa pelo resto de fevereiro e nas primeiras semanas de março. Quando voltei ao escritório, disseram que ainda havia pessoas esperando na calçada para falar comigo, então entrava e saía do prédio por uma saída lateral. Além disso, notei um carro suspeito estacionado em frente à minha casa. Quando andava até a estação de trem a caminho do trabalho frequentemente via o mesmo carro passar por mim (e pensava: *será que era realmente o mesmo carro?*); quando saía do escritório não conseguia deixar de pensar que estava sendo seguida. Disse a mim mesma que estava imaginando tudo.

Até que em uma tarde do início de março saí do escritório mais cedo que o usual. Quando desci os degraus do prédio e virei a

A DENÚNCIA

esquina, vi um homem pular como se estivesse surpreso e começar a me seguir. Mudei de rumo enquanto andava, descendo por ruas laterais que normalmente nunca usava. Sempre que olhava para trás, eu o via a uma curta distância atrás de mim. Acabei entrando em um supermercado e o vi passar por mim. Dei um suspiro de alívio e disse a mim mesma que estava sendo paranoica e não havia alguém me seguindo, mas voltei à rua e vi o mesmo homem em pé, a alguns metros à minha frente, encostado em uma árvore, olhando para a calçada. Rapidamente passei por ele e o homem me seguiu de perto, em ritmo constante. Subi os degraus de um prédio grande e, quando ele chegou mais perto, parei e fui em direção à rua. Ele passou por mim, parou, deu meia-volta e me encarou. Senti o pânico subir pela garganta e o coração bateu tão alto que conseguia ouvi-lo mesmo com o caos da rua. Olhei ao redor procurando um policial, qualquer pessoa que pudesse me ajudar. Queria gritar, mas estávamos no meio da cidade, com gente por todos os lados e tinha medo de acharem que eu era louca se começasse a gritar que estava sendo seguida. Sem saber o que fazer, corri o mais rápido que pude, entrei na estação de trem e embarquei.

Aquela foi a primeira vez que tive a certeza de estar sendo seguida — e não foi a última. Fui perseguida por detetives particulares até enquanto escrevia este livro.

É difícil expressar em palavras como me senti com tudo isso, quando amigos contavam terem falado demais a um detetive particular, ao ler e-mails de repórteres me pedindo para comentar algo pejorativo sobre mim ou meu marido que não era verdade, e não ser capaz de dizer algo por não querer ser demitida ou prejudicar as investigações. Não podia dizer como eu me sentia sendo seguida em todos os lugares aonde ia e vivendo em medo constante. Era um inferno. Era como se eu tivesse morrido e o balanço da minha vida fosse examinado por um juiz que sabia apenas o que eu tinha feito de idiota, tolo ou errado, além de todos os rumores espalhados a meu respeito, e que se recusava a levar em conta as partes boas e a verdade. Contudo, eu não conseguia ver o juiz, não sabia quem tentava me destruir, nem o que usariam para me derrubar. Estava vendada, de mãos atadas, sem poder me defender, e a maioria do que era usado contra mim era rumor e mentira sem base. Em alguns dias, a ansiedade, o medo e o terror ficaram tão graves que eu deitava no chão em posição fetal e chorava até me sentir entorpecida. Nos piores dias, de pé no banheiro, abria o chuveiro, cobria a boca com as mãos e gritava até ficar rouca. O mais assustador era a aleatoriedade de tudo: eu nunca sabia o que esperar.

Naquela mesma primavera, eu conheci Sarah Lacy, a jornalista que tinha sido alvo de uma campanha de difamação da Uber há alguns anos. Saímos para beber em um bar pequeno e tranquilo, e ela contou o que a Uber tinha feito, o jeito que os executivos a ameaçaram publicamente e à sua família, como tentaram usar contra ela o que eles haviam descoberto por meio de investigações; fiz um relato das minhas estranhas e perturbadoras experiências. Foi surreal: eu descrevia algo que tinha acontecido comigo, como ver um carro estranho me seguindo, e ela terminava a história por mim porque tinha vivido exatamente o mesmo. Ela podia até descrever em detalhes como era o carro.

Confessei como era difícil falar com outra pessoa sobre aquilo, pois achava que estava enlouquecendo. Nada parecia real; era como um filme e não a minha vida.

— Mas está acontecendo comigo e sinto que estou perdendo a porra da minha sanidade — disse eu.

Ela segurou minhas mãos e respondeu, olhando diretamente nos meus olhos:

— Você não está louca, está me ouvindo? Você não está louca.

A DENÚNCIA

Em seguida, ela explicou o que chamava de "protocolo básico de oposição", a estratégia que as empresas usavam sempre que alguém as expunha. Primeiro, eles contratavam pesquisadores e detetives particulares para vasculhar o seu passado, ligando para pessoas com quem você não falava há anos, tentando encontrar algo para usar contra você. Depois, a observavam e seguiam para flagrá-la fazendo algo desmoralizante, como falar com a concorrência ou com repórteres. Em seguida, eles semeavam a dúvida no público, começando com comentários aparentemente inocentes nas redes sociais (feitos por contas falsas) tirando de contexto algo inocente que você disse e distorcendo suas palavras até expressarem algo horrível. Por fim, eles partiam para ataques difamatórios, tentando persuadir as pessoas a duvidar de você. Fiquei pasma. Tudo o que estava acontecendo comigo desde a publicação do texto no blog agora fazia sentido.

Mesmo assim, eu não conseguia dormir à noite. Estava apavorada, com medo de a Uber mandar um detetive invadir nossa casa, estando nós lá ou não. Se eles fizeram isso com Morgan Richardson, o que os impediria de fazer o mesmo comigo? E se eles já tivessem estado lá e nós nem sabíamos? Chad e eu tínhamos seguranças particulares nos protegendo e vigiando o apartamento enquanto dormíamos.

Fui avisada por alguns amigos que, se a Uber ainda não tinha minha ficha médica, eles provavelmente a conseguiriam em breve e, quase certamente, a usariam para me desacreditar. Este era um medo muito real para mim, algo que já tinha vivido: no meu último ano na Penn, a administração da universidade conseguiu a minha ficha médica durante a investigação deles. Jamais descobri se a Uber fez o mesmo, mas, alguns meses depois, surgiu a notícia que eles tinham obtido ilegalmente os prontuários de uma mulher que tinha sido estuprada por um motorista do aplicativo, e tentaram usá-los para desacreditá-la.

Muita gente avisou que minha vida estava em perigo. "Eu não me surpreenderia se eles matassem você", me disse uma pessoa famosa na indústria da tecnologia. Dezenas de bilhões de dólares estavam em jogo. Nunca fui o tipo de pessoa que se assustava com facilidade, mas estava apavorada. Temia pela minha vida, pelo meu marido, família, amigos, ex-colegas ainda na Uber. Contudo, um pensamento mórbido me invadia sempre que notava alguém me seguindo ou quando era avisada sobre possíveis ameaças contra minha vida: se algo me acontecesse, se eu fosse ferida ou morta, todos saberiam exatamente quem fora o responsável.

Eu não era a única a passar por um inferno. Nessa mesma época, alguns funcionários da Uber enfrentavam situações similares: eram procurados por desconhecidos, seguidos por detetives particulares, manipulados pela Uber e recebiam pedidos de amizade de contas falsas nas redes sociais.

A investigação sobre a cultura da empresa estava mesmo acontecendo, e andava rapidamente. Porém, ao contrário de todas as mensagens que a Uber dividira com clientes e a imprensa, não havia apenas uma investigação em curso. Eram três: a realizada por Eric Holder, outra pelo escritório de advocacia Perkins Coie e uma terceira envolvendo os advogados internos da empresa.

De acordo com meus amigos que ainda trabalhavam lá, parecia que as três investigações competiam para ver quem conseguia primeiro desenterrar a documentação e entrevistar todos os funcionários — segundo disseram a um amigo, falar era obrigatório, mas os advogados que o interrogaram se recusaram a dizer *a qual* investigação pertenciam. Eles queriam saber sobre mim, o meu caráter e o que mais eu sabia, mas tinha deixado de fora ao escrever meu relato. No fim de tudo, disseram que não trabalhavam para

A DENÚNCIA

Holder na pesquisa sobre a cultura da Uber e sim, na investigação da Perkins Coie sobre mim e as minhas alegações. Quando outra amiga pediu que um advogado estivesse presente quando fosse inquirida pelos advogados da Uber, eles não permitiram. E um terceiro amigo disse que, no fim da sua entrevista, um dos advogados exigiu saber o que exatamente Susan Fowler planejava fazer a seguir.

Se os funcionários da Uber se recusassem a falar com os investigadores ou pedissem um advogado presente, eram severamente advertidos. Uma das mulheres do LadyEng me mostrou um e-mail do departamento jurídico da Uber ameaçando os funcionários de demissão caso se recusassem a falar com os investigadores. Além disso, não poderiam levar advogados a essas reuniões. De acordo com o departamento jurídico da Uber, os funcionários não tinham direito à presença de um advogado porque "esta não é uma investigação policial".

O caos aumentou rapidamente. Se os advogados do departamento jurídico da Uber chegassem na frente na busca por documentos ou testemunhas, destruiriam as provas e tentariam assustar e intimidar os funcionários. Várias mulheres que tinham feito queixas de assédio e discriminação durante o período em que estive na Uber começaram a juntar sua própria documentação para entregar à investigação de Holder — para descobrir que seus e-mails, capturas de tela e arquivos tinham sido apagados de suas contas de e-mail. Depois que uma de minhas amigas falou com os investigadores, tanto seu telefone como o computador pessoal sumiram de sua mesa de trabalho. Quando relatou o caso à segurança da Uber, eles disseram que as câmeras do escritório voltadas para a mesa dela estavam desligadas na hora e que não poderiam ajudá-la. Outro amigo teve seu celular furtado também de sua mesa, da mesma maneira, dias depois.

Depois que voltei ao trabalho na Stripe, encontrei Laura para jantarmos na cidade. Não nos víamos há meses. Quando ela entrou no restaurante e nossos olhos se encontraram, quase caí em lágrimas. Laura era minha amiga mais próxima na Uber e eu sentia muita falta dela. Tínhamos vivido tantas experiências horríveis na empresa, e ainda passávamos pela pior delas, sem conseguirmos perceber um fim à vista.

Pedimos pizza e vinho, e conversamos muito. Contei que estava sendo seguida, que a Uber estava vasculhando meu passado, procurando todos que eu conhecera — como me sentia apavorada e sozinha. Ela me relatou o que estava acontecendo dentro da empresa. Desde a minha saída, a situação só piorara. Apesar de ter uma excelente avaliação de desempenho, ela ouvira que não era técnica o bastante, e quando tentou se transferir para outra equipe, teve o pedido rejeitado do mesmo jeito que o meu — obviamente, Thuan Pham não havia cumprido sua promessa de acabar com essa prática. Os abusos apenas aumentaram a partir de então. Quando as investigações começaram, os funcionários da Uber foram estimulados a falar sobre isso com Liane Hornsey, a chefe de RH que entrara logo depois da minha saída, e Laura aceitou a oferta: procurou Liane, Arianna Huffington e outros executivos da empresa, esperando que eles finalmente mantivessem a palavra e fizessem algo a respeito, mas nada aconteceu. Liane acabou dizendo a Laura que não encontraram prova alguma de que havia algo errado. Mesmo quando estava na berlinda, com o mundo inteiro vendo, a Uber era incapaz de fazer a coisa certa.

CAPÍTULO **TREZE**

Quando soube que a Uber estava destruindo provas, procurei Eric Holder para que ele pusesse um fim naquilo. Até onde sei, ele jamais solicitara uma medida de proteção para os documentos da empresa. Consegui, afinal, agendar uma reunião.

Estava muito nervosa nos dias anteriores ao encontro. Não sabia se as intenções de Holder eram boas ou más. Afinal, ele estava trabalhando para a Uber, e como parecia não se importar com a destruição de documentos importantes para sua investigação, não sabia se podia confiar nele. E havia muito em jogo. Temia que, se dissesse ou fizesse algo errado, caísse em contradição, parecesse desonesta ou falsa, acabaria prejudicando a situação de todos. Pensei na minha amiga Laura e em tudo que ela tinha passado, nos meus amigos Ashley, Roxana, Eamon e Rick, em Joseph Thomas, Morgan Richardson, Sarah Lacy, em todos na Uber que tentaram ou cometeram suicídio, sofreram assédio por parte dos gerentes e ouviram mentiras do RH. Se a investigação de Holder não provasse o que eu escrevera, não só minha reputação seria destruída, como a situação na Uber provavelmente nunca melhoraria porque a empresa não seria obrigada a mudar.

Estava muito frustrada e furiosa por perceber que contar tudo ao público não melhorara a situação dos meus amigos e colegas na empresa — na verdade, ela só piorara. Nos meses seguintes à publicação do meu texto, os abusos tornaram-se ainda mais terríveis e absurdos. A empresa visivelmente não mudaria por conta própria, e a única esperança era que a investigação de Holder corroborasse publicamente as alegações feitas por mim, obrigando a Uber a tomar medidas sérias para se reestruturar. Eu sabia, no fundo do meu coração, que precisava superar o medo e encontrar Holder. Precisava provar que tudo o que eu escrevera era verdade — contar a ele tudo o que acontecera e o que havia deixado de fora.

Assim, em abril, poucos dias antes do meu aniversário de 26 anos, encontrei-me com Eric Holder e Tammy Albarrán.

Eu já tinha visto Holder na televisão muitas vezes e quase não podia acreditar que estava na mesma sala que ele — era diferente de todos os que eu já conhecera; mais político do que advogado. Ele falava com as pessoas como se fossem amigas próximas: com uma voz afetuosa e gentil, fazendo piadas com um jeitão calmo que tranquilizava todo mundo.

A mesa entre nós estava repleta de arquivos perfeitamente arrumados, cheios de provas: cópias impressas e meticulosamente comentadas de e-mails, documentos jurídicos, chats internos da Uber, fotografias, anotações feitas à mão e, obviamente, o meu texto. Muitos fichários pertenciam a Holder e Albarrán, mas um deles era meu. Estava tudo lá: as mensagens nas quais Jake tinha me assediado sexualmente, minhas avaliações de desempenho, os e-mails sobre as jaquetas de couro, minha carta de demissão, os e-mails nos quais Thuan reconhecia ter ciência que os gerentes estavam impedindo transferências de suas funcionárias. Eram todos os documentos com

A DENÚNCIA

os quais fundamentara minha denúncia, que corroboravam cada palavra do meu relato e que tinham o potencial de libertar a mim e a meus colegas.

Sentamos em volta da mesa por várias horas; Holder me fazia perguntas sobre o que eu escrevera e minha época na Uber, e Albarrán me pressionava para saber os detalhes de cada uma das minhas respostas. Holder abordava a situação de um jeito tão afetuoso e amigável que me desarmava, pedindo para contar o meu lado da história, assentindo e sorrindo enquanto me ouvia relatar minhas experiências. Era então a vez de Albarrán perguntar sobre detalhes precisos em relação a datas, horários, nomes e a ordem específica dos eventos. Às vezes, ela me pedia para confirmar ou negar pormenores específicos que frequentemente estavam incorretos. Tropecei algumas vezes, quando ela me pedia para confirmar detalhes incorretos. Precisava interromper o pensamento, voltar na conversa e corrigir a informação. No começo, não sabia se ela fazia isso de propósito, mas aconteceu tantas vezes que, ao fim da reunião, eu tive certeza de que sim.

O interrogatório cerrado foi pontuado por algumas conversas casuais. Atrás de Holder e Albarrán, por uma parede de janelas podia-se ver a Baía de São Francisco e da Ilha de Alcatraz. Entre uma pergunta e outra, eu olhava para o mar e aquela ilhazinha estranha. Esses momentos eram breves; os fichários eram logo reabertos e as perguntas recomeçavam. Em um determinado momento durante a reunião, acabei cedendo à pressão. Era impossível ficar diante do antigo procurador-geral dos EUA e sair ileso. Temia que, se era intenção de Holder me desacreditar, não havia nada que eu pudesse fazer. *Não estou preparada para isto*, pensei. *Não tinha como eu ter me preparado para isto.* Precisei fazer uma pausa e dar uma volta antes de retornar à reunião, torcendo as mãos para tentar acalmar a mente e os nervos.

No fim, depois de horas, tínhamos repassado tudo — dos meus primeiros dias na Uber até a destruição de documentos que acontecia bem debaixo do nariz deles.

— Você tem mais perguntas para mim? — perguntou Holder, enquanto todos fechavam os fichários e começavam a guardá-los. Eu tinha milhares de perguntas para ele, milhares de coisas que gostaria de saber, mas estava ciente que isso poderia afetar o julgamento dele e a investigação como um todo. O risco era alto demais; havia muito em jogo. Então segurei a língua e mantive a boca fechada.

— Não — respondi, sacudindo a cabeça.

Nas semanas seguintes à reunião com Holder e Albarrán, todos os antigos amigos da Uber pararam de falar comigo. Uma delas me contou que a Uber descobrira que estávamos em contato — mesmo tendo o cuidado de usar encriptação ponta a ponta e mensagens temporárias — e ela tinha medo de ser punida por isso. Também tinha dificuldade em manter contato com amigos fora da empresa. Shalon era uma das poucas pessoas que entendia e não me olhava como se eu estivesse louca quando tentava explicar o que estava acontecendo — como ser seguida ou ter as contas nas redes sociais invadidas.

Na solidão desses dias, tive a sorte de encontrar algumas pessoas do lado bom do mundo da tecnologia. Conheci capitalistas de risco, executivos de empresas de TI e líderes do mercado que me incentivaram, deram conselhos e até se ofereceram para pagar minhas despesas com advogados (recusei educadamente, embora tenha apreciado a gentileza e generosidade). Também conheci outras mulheres que viveram experiências semelhantes — vítimas de assédio e discriminação que tinham ido a público e vivido para

A DENÚNCIA

contar a história. Quando elas me relatavam suas experiências e me agradeciam por denunciar, eu me sentia um pouco menos sozinha.

Chad sempre me amou e me apoiou, mesmo nos piores momentos. Por causa da minha denúncia, jamais pudemos ter a lua de mel que todos consideravam a melhor parte de ser recém-casados. Mesmo assim, no meio da ansiedade, do caos e do terror dos dois meses anteriores, conseguimos encontrar momentos de alegria e paz. Sentávamos no sofá à noite e assistíamos *Game of Thrones* ou filmes sobre a Segunda Guerra Mundial e íamos para cama, onde líamos juntos até dormir. Além disso, fazíamos longas caminhadas pelas florestas de eucalipto nos arredores da cidade e esquecíamos que o restante do mundo existia. Na santidade desses momentos, decidimos que não deixaríamos a Uber ou qualquer pessoa roubar nossa alegria e amor, nem permitiríamos que o drama público que se desenrolava em nossa vida nos impedisse de realizar sonhos, como formar uma família.

Começamos a entrar no ritmo daquela vida nova e bem diferente, mas eu esperava todos os dias que o furor midiático acabasse e a vida voltasse ao normal. Queria trabalhar sem ser seguida por investigadores particulares ou reconhecida no trem. Ansiava por acessar o Twitter e o Facebook sem ver desconhecidos e repórteres citando meu nome. E adoraria poder publicar o que quisesse nas redes sociais sem que a Uber, Erick Holder ou a Stripe me atacassem imediatamente, virando imediatamente notícia —, mas eu sabia que meus problemas eram pequenos. Eu ainda estava viva, casada com o homem que me amava; ainda tinha um emprego, e era um emprego que eu amava. Na verdade, a primeira edição da *Increment* acabara de ser lançada e ia muito bem, sendo chamada de "New Yorker para geeks" pela famosa jornalista de tecnologia Kara Swisher. E, apesar de todos os esforços da Uber, eu não tinha sido crucificada pela imprensa.

A ansiedade, o medo e o terror ainda estavam lá como ruído de fundo, mas eu me acostumara a eles. Encontrei felicidade ao perceber que minha vida finalmente estava convergindo para o que mais desejara: um trabalho em tempo integral como escritora e editora, algo que sempre sonhei em fazer, mas pensei ser impossível. Eu estava casada com um homem brilhante, carinhoso e maravilhoso. E, em maio, descobri que estava grávida do nosso primeiro filho.

Quando descobri um mês depois que teria uma menina, senti ainda mais urgência de transformar o mundo em um lugar melhor. Não gostaria que minha filha crescesse em um mundo onde assédio sexual, discriminação e represálias fossem comuns. Desejava que o único medo que ela pudesse experimentar fosse o de ter sonhos excessivamente modestos e a única preocupação, a de trabalhar o bastante para realizá-los.

Todo santo dia, ainda à espera da conclusão do relatório de Holder, eu trabalhava. Entre a atenção do público, da imprensa e da Uber que nunca terminava, eu ia ao escritório da Stripe e, juntamente com a equipe, pensava nas futuras edições da revista, me dividindo entre encomendar artigos para edições futuras, procurar um editor--chefe, revisar as provas impressas e editar artigos. Quando voltava para casa, subia as escadas do apartamento até o meu pequeno escritório, onde fazia o possível para me esquecer do mundo lá fora. Desligava a internet no laptop e o celular e trabalhava no romance de ficção científica que estava escrevendo; depois, tocava violino e cantava para a menininha que crescia dentro de mim. Quando Chad voltava para casa, eu o abraçava com força. Eu apreciava esses momentos de paz, quando éramos apenas eu, o meu trabalho, meu bebê e meu marido. Sempre que voltava a ligar o celular, o caos retornava, a caixa de e-mail transbordava novamente, outra série

A DENÚNCIA

de xingamentos e ameaças surgia nas notificações do Twitter, mais um grupo de mensagens de homens e mulheres no mundo inteiro perguntando por que não houvera quaisquer consequências para os criminosos e se havia alguma esperança de que tudo realmente mudaria. Eu não sabia o que dizer. Não tinha respostas a dar.

Naqueles dias de incerteza enquanto esperávamos a investigação de Holder terminar, eu me perguntava se falara o bastante, se deveria ter sido mais forte, mais corajosa, mais insistente.

Enquanto isso, o mundo via o drama da Uber se desenrolar. Parecia que todos esperavam desesperadamente que o relatório de Holder confirmasse a minha denúncia, que seria um ponto de virada não só para a Uber como para as mulheres no mundo da tecnologia em particular e no corporativo em geral. Eu me consolava com o fato de o meu relato já estar fazendo uma diferença no mundo. Depois de ler minha história, outras mulheres no Vale do Silício sentiram-se compelidas a falar sobre o tratamento que recebiam e corajosamente foram à imprensa. "Susan nos inspirou", disse Leiti Hsu, uma das seis mulheres que revelaram ter sido assediadas sexualmente pelo capitalista de risco Justin Caldbeck. Enquanto lia seus relatos e observava cuidadosamente a reação da mídia, não pude deixar de notar o quão diferente foi a resposta às suas histórias em comparação às das mulheres que vieram a público no passado: elas estavam sendo levadas a sério e, o mais surpreendente, os repórteres queriam escrever sobre o que elas haviam passado, o que era ainda mais surpreendente. O mundo estava começando a mudar.

No dia 13 de junho, Eric Holder entregou suas conclusões ao conselho diretor da Uber, que divulgou ao público uma versão resumida (a integral, surpreendentemente, jamais vazou para a imprensa). O relatório da Covington & Burling ia muito além de confirmar as alegações que eu fizera no meu blog, ao pintar um quadro sombrio da empresa: uma organização tão problemática e doente que sua cultura precisava ser reconstruída do zero. A lista de recomendações tinha pontos como garantir que a empresa tivesse "ferramentas adequadas, como programas de rastreamento de queixas" para contabilizar as reclamações dos funcionários; treinamento para o pessoal de recursos humanos sobre como lidar com os problemas de modo eficaz; uma política que proibisse relacionamentos entre gerentes e subordinados; e que a Uber "reformulasse seus valores culturais", especialmente os que tinham sido usados "para justificar comportamento inadequado, incluindo 'Deixe os construtores construírem', 'Sempre ralando', 'Meritocracia e pode passar por cima' e 'Confrontos íntegros'." Respondendo à pergunta sobre quem era responsável pela cultura doentia da Uber, no alto da lista estava a recomendação mais importante de todas: "Rever e redefinir as responsabilidades do CEO Travis Kalanick." Logo após o relatório ter sido liberado, Kalanick tirou licença por tempo indeterminado. No dia 21 de junho, sucumbindo à pressão dos maiores investidores da Uber, ele renunciou.

Quando soube que Travis Kalanick se demitira ao ler o relatório de Eric Holder, senti um peso sendo tirado dos meus ombros. Pensei nas lutas da minha adolescência, quando trabalhei tanto para mudar meu futuro, quando disse a mim mesma que sairia da pobreza, mudaria minha vida e faria algo grandioso — seria uma pessoa melhor. Pensei em tudo o que havia acontecido na Penn, desde o e-mail que enviara a Amy Gutmann até o encontro surreal com a reitora de pós-graduação. Também pensei no período que trabalhara na Uber, nas jaquetas, nas reuniões absurdas com o RH, em tudo de horrível que tinha acontecido comigo e meus amigos, e também nos colegas que tentaram contra a própria vida. Lembrei o medo que sentira quando a Uber veio atrás de mim por causa do texto do blog, me lembrei dos investigadores particulares, dos boatos, de temer pela minha segurança e da minha reunião com Eric Holder. Ao longo da vida, desejei muito que tudo pelo que passei servisse para algo. E queria desesperadamente não ser a vítima da minha história, e sim a heroína.

Enquanto lia o relatório e pensava no que acontecera nos meses que se seguiram à minha denúncia, percebi que tudo importava. De alguma forma estranha, senti que tinha me preparado para aquele momento a minha vida inteira. Aprendi com todas as experiências que tive, desde a minha infância, passando pela Universidade do Estado do Arizona, a Penn, a Plaid, a PubNub, até entrar para a Uber, e quando chegou a hora e tive a oportunidade de me posicionar contra a injustiça, eu estava pronta para denunciar, contar o que estava acontecendo. Reunira tudo de ruim que acontecera comigo e transformara em algo bom.

Pela primeira vez em muitos anos, eu sentia que era verdadeiramente o sujeito, e não o objeto da minha vida. Eu estava livre.

No dia seguinte à notícia do afastamento de Travis Kalanick, peguei um Lyft para casa. Atravessamos a baía, passamos pela ponte e, em dado momento, ouvimos no rádio um comentário sobre a renúncia do CEO da Uber. A motorista estava ouvindo com atenção, assentindo enquanto o locutor contava o que havia acontecendo. Quando entraram os comerciais, ela abaixou o volume, olhou para mim pelo espelho retrovisor e comentou:

— Você *acredita* nisso? Primeiro foi o assédio sexual, depois o estupro e agora isso? — perguntou ela, com os olhos arregalados e uma expressão chocada no rosto. — É por isso que nunca vou dirigir para a Uber. Eles não tratam direito nem os "verdadeiros funcionários" chiques, por que tratariam os motoristas de outra forma? — Ela sacudiu a cabeça. — Dá para acreditar?

Eu ri. — É uma doideira, mesmo.

EPÍLOGO

É difícil acreditar que, quando este livro for publicado, muitos anos terão se passado desde que publiquei em meu blog o texto sobre minhas experiências na Uber. Tanta coisa aconteceu nesse meio tempo, e agora vivemos em um mundo bem diferente. Minha história sobre assédio sexual ajudou a criar um movimento. Nos meses seguintes, uma multidão destemida de mulheres e homens corajosamente dividiram suas experiências de discriminação, assédio e agressão sexual. Suas histórias mudaram o mundo.

Depois da divulgação do relatório de Holder e graças à pressão da mídia e do público, a Uber finalmente foi obrigada a mudar. Roxana del Toro e outros funcionários, tanto antigos como ainda na empresa, entraram com um processo coletivo de discriminação contra a Uber, encerrado depois de um acordo de indenização de US$ 10 milhões. Na primavera de 2018, diante da insatisfação dos funcionários e em resposta a um editorial que escrevi para o *New York Times*, argumentando que acabar com a arbitragem forçada seria crucial para pôr fim à discriminação, ao assédio sexual e à

SUSAN J. FOWLER

revanche no ambiente de trabalho, a Uber finalmente parou de usar o processo para casos de assédio e agressão sexual. Quando perguntei ao novo CEO da Uber, Dara Khosrowshahi, se a empresa ainda tinha investigadores particulares me seguindo, ele respondeu que tinha "acabado com toda essa merda". Segundo ele, o uso de detetives particulares tinha sido "uma insanidade" e era "surreal o que estava acontecendo".

Minha vida também mudou bastante desde a divulgação do relatório de Holder. Nos meses que se seguiram, trabalhei para acabar com a prática de arbitragem forçada, atuando com legisladores federais e estaduais na criação de leis para proibi-la e, com a ajuda do meu advogado, Chris Baker, solicitei a entrada como *amicus curiae* (ou parte interessada) no caso da Suprema Corte Epic Systems Corp x Lewis, pedindo ao tribunal que levasse minha experiência na Uber em consideração ao tomar a decisão sobre arbitragem em ações coletivas.

Nos anos seguintes, fiz de tudo para ficar longe dos noticiários. Depois que meu relato explodiu na mídia, descobri rapidamente que era tímida e introvertida demais para ser uma figura pública e achei toda a atenção que meu texto provocou avassaladora. As únicas entrevistas que dei no ano seguinte à publicação da minha denúncia foram para Maureen Dowd, do *New York Times*, em outubro, e para o *Financial Times*, em dezembro, quando a revista *Time* elegeu, para Pessoa do Ano, aqueles que haviam "rompido o silêncio" (éramos os *Silence Breakers*). Foi uma emoção incrível estar na capa da *Time*. Jamais vou esquecer do quanto fiquei honrada ao fazer o ensaio fotográfico para a capa, aos oito meses de gravidez, ao lado de outras mulheres incrivelmente fortes que tiveram a coragem de falar contra os abusos que sofreram.

Permaneci na Stripe até o fim de agosto de 2018, trabalhando na *Increment* e me preparando para a etapa seguinte da minha carreira

A DENÚNCIA

de escritora e editora. Adorava o que estávamos fazendo, mas queria trabalhar em algo que pudesse influenciar o mundo além do Vale do Silício. Eu tinha visto o impacto global do meu relato e queria ajudar os outros a contar suas histórias e perspectivas, compartilhar seus sonhos com o mundo. Em uma maravilhosa coincidência, logo após eu ter começado a procurar um novo emprego, Maureen Dowd disse que o *New York Times* estava procurando um editor de tecnologia para a seção de opinião. Alguns meses depois, comecei a escrever para o jornal.

Sinto-me incrivelmente abençoada por viver meu sonho de infância, trabalhando como escritora e editora. Passo os dias editando textos de opinião no *New York Times*, escrevendo livros, estudando idiomas estrangeiros, filosofia, matemática e economia, tocando violino, cuidando da minha linda filhinha (que neste momento deseja que eu largue o computador e leia o livro predileto dela) e passando o tempo com meu marido, minha família e meus amigos. Eu não trocaria isso por nada deste mundo.

Estou vivendo uma nova fase da vida e mal posso esperar para ver o que acontecerá a seguir.

AGRADECIMENTOS

Gostaria de agradecer às seguintes pessoas: Bill Weinstein, Sara Nestor e todos na Verve por acreditarem em mim; Liz Parker, minha incrível agente literária, por me ajudar a manter minha sanidade, além de apoiar e estimular os meus sonhos mais loucos como escritora; Lindsey Schwoeri, Lindsay Prevette, Rebecca Marsh, Linda Friedner e todos na Viking que deram vida a este livro; minha brilhante assessora de imprensa, Rebecca Taylor; meus amigos e colegas na Uber, especialmente Roxana del Toro, Eamon Bisson-Donahue e Rick Boone; Maureen Dowd, James Bennet, Jim Dao, Katie Kingsbury, Clay Risen e todos os meus colegas do *New York Times*; a todas as pessoas maravilhosas que acreditaram em mim, me apoiaram e inspiraram, especialmente Sarah Lacy, Paul Carr, Greg Bensinger, Chris Baker, Deborah Schwartz, Kristin Burr, Margit Wennmachers, Claire Schmidt, Charles Yao, Gretchen Carlson e Ashley Judd; a todos os amigos que me amaram e apoiaram incondicionalmente ao longo dos anos; à minha família, especialmente Martha, Sara e Peter; a Shalon van Tine, minha melhor e mais gentil amiga desde o dia em que nos conhecemos; à minha linda filhinha; e, acima de tudo, ao meu marido Chad: não existe outra pessoa com quem gostaria de dividir a vida. Eu devo este livro a todos vocês.

APÊNDICE A:
FONTES

Se você estiver recebendo tratamento inadequado no local de trabalho, poderá conseguir orientação jurídica no seu sindicato, nos serviços gratuitos oferecidos pelas faculdades de direito da sua região ou mesmo na regional da Ordem dos Advogados do Brasil na sua cidade.

Para saber mais sobre assédio moral, baixe a cartilha preparada pelo Tribunal Superior do Trabalho, disponível em: https://www.tst.jus.br/web/guest/assedio-moral.

Se você for vítima de discriminação, assédio (moral ou sexual) ou represálias no ambiente de trabalho, poderá fazer uma denúncia por meio da:

- Procuradoria Regional do Trabalho da sua cidade ou pelo site: https://www.gov.br/pt-br/servicos/realizar-denuncia-trabalhista.

- Ouvidoria do Ministério Público Federal com o formulário eletrônico (https://aplicativos.mpf.mp.br/ouvidoria/app/cidadao/login).

Para saber mais sobre assédio sexual no trabalho, procure informações no site do Tribunal Superior do Trabalho (https://www.tst.jus.br/web/guest/assedio-moral).

SUSAN J. FOWLER

Se você for vítima de agressão sexual, denuncie por meio do Disque 100. Para conseguir apoio e conselhos, acesse o Mapa do Acolhimento (https://www.mapadoacolhimento.org/).

APÊNDICE B:
O TEXTO DO BLOG

Reflexão sobre um ano muito, muito estranho na Uber

19 de fevereiro de 2017

Como muitos de vocês sabem, saí da Uber em dezembro e entrei na Stripe em janeiro. Recebi muitas perguntas nos últimos meses sobre o motivo de ter me demitido e como foi o meu período na Uber. É uma história estranha, fascinante e um tanto assustadora, que merece ser contada enquanto ainda está fresca na minha cabeça. Então, vamos lá.

Entrei na Uber como engenheira de confiabilidade do site (SRE) em novembro de 2015 e foi um ótimo momento para integrar a área de engenharia. Eles ainda estavam padronizando os microsserviços da API monolítica que tinham e a situação era suficientemente caótica para permitir a realização de um bom trabalho de confiabilidade. A equipe de SRE ainda era bem nova quando entrei, e tive a rara oportunidade de escolher o grupo que trabalhava em algo do qual gostaria de participar.

SUSAN J. FOWLER

Depois das primeiras duas semanas de treinamento, escolhi entrar na equipe que trabalhava na minha especialidade, e foi aí que a situação começou a ficar esquisita. No primeiro dia no grupo, meu novo gerente me mandou uma série de mensagens no chat da empresa, dizendo que estava em um relacionamento aberto; a namorada tinha facilidade de encontrar novos parceiros, mas ele não vivia o mesmo. Disse também que estava tentando ficar longe de problemas no trabalho, mas não conseguia deixar de arrumar confusão porque estava procurando mulheres para fazer sexo. Era óbvio que o chefe gostaria que eu fizesse sexo com ele, e isso era tão nitidamente inadequado que eu imediatamente fiz capturas de tela dessas mensagens do chat e o denunciei ao RH.

A Uber era uma empresa bem grande naquela época, e eu tinha a expectativa bem normal de que eles saberiam enfrentar situações como essa. Esperava que, ao denunciá-lo ao RH, eles resolveriam o problema e depois a vida continuaria. Infelizmente, a situação foi bem diferente. Quando fiz a denúncia, ouvi tanto do RH quanto da gerência superior que, embora visivelmente fosse um caso de assédio sexual e o chefe realmente fizera uma insinuação sexual, era a primeira transgressão dele e a empresa não se sentiria confortável em dar a ele mais do que uma advertência, somada a uma conversa séria. A alta gerência me disse que ele "tinha um alto desempenho" (isto é, era excepcionalmente bem avaliado por seus superiores) e não seria bom punir esse gerente pelo que provavelmente tinha sido apenas um erro inocente da parte dele.

Depois, ouvi que precisaria fazer uma escolha: (1) poderia encontrar outra equipe e nunca mais ter que interagir com aquele homem ou (2) poderia ficar na equipe, mas precisaria entender que ele provavelmente avaliaria meu desempenho como ruim, e não havia nada que pudessem fazer a respeito. Comentei que isso não parecia exatamente uma escolha e que gostaria de ficar no grupo,

A DENÚNCIA

por ser especializada exatamente no projeto que a equipe estava com dificuldade para terminar (portanto, era do interesse da empresa que eu permanecesse onde estava), mas eles repetiram o mesmo discurso. Um representante do RH chegou a dizer explicitamente que não seria retaliação se eu recebesse uma avaliação negativa no futuro, pois eu tinha "recebido uma opção". Tentei levar a situação aos cargos mais altos, mas não consegui avançar com o RH e na minha cadeia de gerência (que alegava ter tido uma conversa séria com o gerente e não queria arruinar a carreira dele por conta daquela "primeira transgressão").

Saí do grupo e levei algumas semanas conhecendo as outras equipes até parar em uma delas (eu preferia taxativamente nunca mais interagir com o RH). Acabei entrando em uma equipe inteiramente nova de SRE que me deu muita autonomia; descobri formas de ser feliz e fazer um trabalho incrível. Na verdade, o trabalho que fiz ali se transformou no processo de preparação para a produção sobre o qual escrevi em meu primeiro livro best-seller (!!!) *Production-Ready Microservices.*

Nos meses seguintes, encontrei mais engenheiras na empresa. À medida que passei a conhecê-las melhor e a ouvir suas histórias, fiquei surpresa com a quantidade de situações similares às que eu passara. Algumas mulheres tinham até histórias sobre denunciar interações inadequadas com o mesmo gerente que me assediara bem antes da minha entrada na empresa. Ficou óbvio que tanto o RH quanto a gerência estavam mentindo sobre aquela ter sido "a primeira transgressão dele", e certamente não seria a última. Em poucos meses, o gerente foi denunciado de novo por comportamento inadequado e as pessoas que se queixaram ouviram que era a "primeira transgressão dele". A situação foi levada até o ponto mais alto da hierarquia, e mesmo assim nada foi feito.

Eu e algumas das mulheres que tinham denunciado esse gerente no passado decidimos agendar reuniões com o RH para insistir que algo fosse feito. Na minha reunião, a pessoa com quem falei disse que o gerente nunca havia sido denunciado; tinha apenas cometido uma transgressão (nas conversas comigo no chat) e nenhuma das outras mulheres que procuraram o RH desabonaram a conduta dele. Então, não seria possível agir. Era uma mentira tão descarada que realmente não havia o que pudéssemos fazer. Todas nós desistimos do RH da Uber e dos nossos gerentes depois disso. Ele acabou "saindo" da empresa algum tempo depois. Não sei o que finalmente convenceu a empresa a demiti-lo.

Em segundo plano, uma guerra política no estilo *Game of Thrones* acontecia ferozmente dentro da alta gerência de engenharia de infraestrutura. Parecia que todo gerente lutava contra seus colegas e tentava sabotar o supervisor direto para conseguir o cargo dele. Esses gerentes não faziam a menor questão de esconder o que faziam: se gabavam em reuniões, comentando até com os chefes diretos sobre isso. Eu me lembro de incontáveis reuniões com os gerentes e chefes dos chefes: eu ficava lá, quieta, e o gerente se gabava de ser o favorito do chefe e que ele tomaria o cargo do gerente em um ou dois trimestres. Também me lembro de uma reunião de equipe bem perturbadora, na qual um dos diretores se gabou para nossa equipe de ter escondido de um dos executivos algumas informações cruciais para a empresa a fim de cair nas graças de outro executivo (e, segundo ele disse com um sorriso no rosto, funcionou!).

As ramificações desses jogos políticos eram significativas: projetos eram abandonados a torto e a direito, OKRs eram alterados várias vezes a cada trimestre, ninguém sabia quais eram as prioridades organizacionais e muito pouco era realmente feito. Todos nós vivíamos com medo de ter as equipes dissolvidas e reorganizadas, tendo que começar mais um projeto com prazo impossível. Era uma organização em caos total e constante.

A DENÚNCIA

Durante tudo isso eu tive a sorte de trabalhar com alguns dos engenheiros mais incríveis da Bay Area. Fomos discretos e fizemos um bom trabalho (às vezes excelente), apesar do caos. Amávamos o que fazíamos; adorávamos os desafios de engenharia e fazer a máquina louca da Uber funcionar. Apesar de tudo, encontramos formas de sobreviver às reorganizações, às mudanças de OKRs, aos projetos abandonados e seus prazos impossíveis. Cuidávamos da sanidade uns dos outros, mantínhamos o ecossistema gigante da Uber funcionando e dizíamos a nós mesmos que tudo acabaria melhorando.

A situação não melhorou e os engenheiros começaram a se transferir para setores menos caóticos da engenharia na empresa. Quando terminei meus projetos e vi que nada mudaria, também pedi transferência. Eu atendia a todas as qualificações para isso: gerentes que me queriam em suas equipes e uma avaliação de desempenho perfeita, então não tinha como algo dar errado. Até que minha transferência foi negada.

De acordo com o meu gerente, o gerente dele e o diretor, isso acontecera porque eu tinha problemas de desempenho não documentados. Lembrei a eles que meu índice de desempenho era perfeito e nunca qualquer reclamação sobre o meu trabalho fora feita. Eu tinha cumprido todos os OKRs conforme planejado; nunca perdi um prazo, mesmo naquele caos organizacional insano; e tinha gerentes esperando para que eu entrasse nas equipes deles. Perguntei qual era o meu problema de desempenho e não me deram resposta. Primeiro, disseram que eu não era técnica o bastante, então lembrei que eles tinham me dado os OKRs e, se queriam ver um trabalho diferente da minha parte, deveriam ter me dado o tipo de trabalho que gostariam de ver. Depois, eles recuaram e pararam de dizer que este era o problema. Continuei pressionando até finalmente ouvir que "Problemas de desempenho nem sempre têm a ver com o trabalho, mas podem estar relacionados a algo fora do trabalho ou na vida pessoal". Como não consegui decifrar o que isso significava, desisti e decidi ficar até a avaliação de desempenho seguinte.

A temporada de avaliação de desempenho chegou e a minha foi ótima, sem queixas sobre o meu desempenho. Então, esperei alguns meses e tentei me transferir de novo. Ao fazer isso, ouvi que meu relatório e índice de desempenho tinham sido alterados depois que as avaliações oficiais foram contabilizadas e, por isso, eu não me encaixava mais nos critérios para transferência. Quando perguntei à gerência por que a minha avaliação tinha sido mudada depois de ter sido feita (e por que ninguém me avisara disso), eles disseram que eu não mostrava sinais de ascensão na carreira. Eu lembrei a eles que ia publicar um livro pela O'Reilly, dava palestras em grandes conferências de tecnologia e fazia tudo o que era necessário para ter uma "trajetória profissional ascendente", mas eles disseram que nada disso importava e eu precisava provar que era engenheira. Eu estava presa ali.

Em seguida, pedi a eles que voltassem minha avaliação de desempenho à versão anterior. Segundo o gerente, a nova avaliação negativa que recebi não tinha consequências no mundo real, então não precisava me preocupar com ela. Apesar disso, eu fui para casa naquele dia e chorei, pois mesmo longe de impactos no salário e bônus, ela tinha consequências bem significativas no mundo real, e a minha gerência sabia muito bem. Eu estava matriculada em um programa de graduação de ciência em computação de Stanford patrocinado pela Uber, e a empresa só patrocina funcionários com altos índices de desempenho. Com as minhas avaliações e índice de desempenho eu tinha me qualificado para o programa, mas depois da mudança traiçoeira que gerou o índice negativo, eu não podia mais frequentar as aulas.

A DENÚNCIA

Acaba que me manter na equipe era bom para a reputação do meu gerente e eu o ouvi se gabando com outros funcionários que, embora as outras equipes estivessem perdendo mulheres engenheiras sucessivamente, ele ainda tinha algumas sob seu comando.

Quando entrei na Uber, o setor do qual fazia parte tinha mais de 25% de mulheres. Quando eu estava tentando me transferir para outro setor de engenharia, esse número tinha caído para menos de 6%. As mulheres estavam saindo do departamento, e as que não conseguiam se transferir se demitiam ou estavam se preparando para fazer isso. Havia dois grandes motivos para isso: o caos organizacional e o machismo dentro da companhia. Durante um evento com todos os funcionários da empresa, quando perguntei ao diretor sobre o que ele pretendia fazer em relação aos números cada vez menores de mulheres na engenharia em comparação ao restante da empresa, a resposta foi basicamente que as mulheres da Uber precisavam correr atrás e ser engenheiras melhores.

A situação ficava cada vez mais comicamente absurda a cada dia. Sempre que algo ridículo acontecia e um e-mail machista era enviado, eu mandava um breve relatório ao RH só para manter o registro. A gota d'água foi uma cadeia específica de e-mails do diretor do nosso setor de engenharia, a respeito de jaquetas de couro que tinham sido encomendadas para todos os SREs. No início do ano, o setor tinha prometido jaquetas de couro para todos os funcionários; experimentamos alguns modelos, escolhemos os tamanhos e fizemos os pedidos. Um dia, todas as mulheres (acredito que éramos seis restantes no setor) receberam um e-mail dizendo que não seriam encomendadas jaquetas de couro femininas porque não havia mulheres suficientes no setor para justificar o pedido. Respondi, dizendo ter certeza de que a SRE da Uber conseguiria encontrar orçamento para comprar jaquetas de couro para, sei lá, seis mulheres, se conseguia comprá-las para mais de 120 homens.

SUSAN J. FOWLER

O diretor respondeu novamente, dizendo que se nós mulheres realmente quiséssemos igualdade, então deveríamos perceber que não receber as jaquetas de couro era o certo. Segundo ele, como havia muitos homens no setor, foi possível obter um desconto significativo nas jaquetas masculinas, mas não nas femininas. Portanto, não seria igualitário ou justo dar jaquetas de couro femininas que custavam um pouco mais do que as masculinas. De acordo com ele, se quiséssemos as jaquetas de couro, nós mulheres precisaríamos encontrar jaquetas que custassem o mesmo valor das jaquetas masculinas no atacado.

Encaminhei essa cadeia absurda de e-mails ao RH e eles marcaram uma reunião comigo pouco tempo depois. Eu não sei o que esperava após todos os meus encontros anteriores com eles, mas esse foi ainda mais ridículo do que eu poderia ter imaginado. A funcionária do RH começou a reunião perguntando se eu tinha observado que eu era o tema comum em todos os relatórios que enviara, e se já tinha pensado que talvez eu fosse o problema. Lembrei a ela que todas as minhas denúncias eram acompanhadas de extensa documentação, e eu visivelmente não causava (ou nem era um personagem principal) a maioria delas. Ela argumentou dizendo que não havia qualquer registro no RH dos incidentes que eu alegava ter denunciado (o que era mentira, claro, e eu avisei que tinha cópias de e-mail e chats para provar isso). Em seguida, ela perguntou se as engenheiras da Uber eram amigas e conversavam muito; depois, quis saber a frequência com que nos comunicávamos, do que falávamos, quais endereços de e-mail usávamos para essa comunicação, que salas de chat nós frequentávamos etc. — um pedido absurdo e ofensivo que me recusei a atender. Quando mencionei a quantidade ínfima de mulheres na SRE, ela alegou que, às vezes, pessoas de determinados gêneros e etnias eram mais adequadas para alguns empregos do que outras,

A DENÚNCIA

então eu não deveria me surpreender pela diferença entre os gêneros na engenharia. A reunião acabou com ela me repreendendo em relação a manter registros de e-mails de conversas, pois "não era profissional" fazer denúncias por mensagens ao RH.

Menos de uma semana depois dessa reunião absurda, meu gerente agendou uma reunião comigo, dizendo que precisávamos ter uma conversa difícil. Segundo ele, eu corria sério perigo ao denunciar o gerente dele ao RH. A Califórnia é um estado que permite a demissão sem justa causa; portanto, eu poderia perder o emprego se fizesse isso de novo. Disse a ele que isso era ilegal; ele respondeu que era gerente há muito tempo, sabia o que era ilegal e ameaçar me demitir por fazer denúncias ao RH não era ilegal. Denunciei a ameaça dele logo depois da reunião tanto ao RH quanto ao diretor de tecnologia. Ambos admitiram que isso era ilegal, mas ninguém fez nada. (Muito depois, soube que eles não fizeram nada, pois o gerente que me ameaçou "tinha alto desempenho".)

Recebi uma oferta de emprego menos de uma semana depois.

No meu último dia na Uber, calculei a porcentagem de mulheres que ainda estavam no setor. Dos mais de 150 engenheiros nas equipes de SRE, apenas 3% eram mulheres.

Quando penso no tempo em que estive na Uber, me sinto grata pela oportunidade de trabalhar com alguns dos melhores engenheiros do mercado. Tenho orgulho do que fiz como engenheira, do impacto que tive em toda a empresa e também do trabalho que rendeu um livro e foi adotado por outras empresas de tecnologia no mundo inteiro. Quando penso no que contei nos parágrafos acima, sinto muita tristeza, mas não consigo deixar de rir e pensar como tudo foi ridículo. Foi uma experiência muito estranha, em um ano igualmente estranho.

Este livro foi composto na tipografia Adobe
Garamond Pro, em corpo 11,5/15,8 e impresso
em papel off-white no Sistema Cameron da
Divisão Gráfica da Distribuidora Record.